家庭内暴力

加害者も救う法とプログラム

金 ジャンディ

Kim JanDi

大阪大学出版会

目　　次

序　　1

第一章　家庭内暴力 ……………………………………………………　5

第一節　家族および家庭内暴力の特徴　5

一　家庭内暴力の定義―日本・韓国・アメリカ　5

二　家庭内暴力の閉鎖性　9

（一）「法は家庭に入らず」の概念と尊属殺の廃止　9

（二）家族および家庭内暴力の特徴　15

三　被害者・加害者対策上の難点　19

（一）暴力の反復・エスカレート化　19

（二）家族構成員への影響　21

（三）顕在化することの困難さ　24

（四）加害者からの分離　25

第二節　家庭内暴力の実態　26

一　配偶者暴力の調査　26

二　児童虐待の実態　36

第三節　被害者に対する保護・支援制度　41

一　家庭内暴力への法的対応　41

（一）配偶者暴力防止法　44

（二）児童虐待防止法　53

二　家庭内暴力被害者に対する支援・保護制度　62

（一）暴力の予防および早期発見　62

（二）被害者の保護・支援制度　66

（三）関係機関の連携協力および実態調査研究　76

（四）二次被害の防止　82

　第四節　加害者対策の現状　85

　　一　警察段階における加害者対策　86

　　二　矯正施設における加害者対策　88

　　三　更生保護における加害者対策　93

第二章　現行法律・制度および支援上の問題 ……………………………… 99

　第一節　被害者支援制度上の課題　99

　　一　児童虐待と配偶者暴力の実態調査　99

　　二　家庭内暴力に関する情報の広報　104

　　三　警察による被害の防止　108

　　四　二次被害の防止　114

　　五　関係機関の連携　118

　第二節　法律上の問題　122

　第三節　加害者への対策　124

第三章　問題解決へ向けた提言 …………………………………………… 129

　第一節　アメリカ合衆国の制度　129

　　一　グリーンブック　129

　　　（一）グリーンブック・イニシアティブ政策の背景　129

　　　（二）グリーンブック政策の成立過程　136

　　　（三）ガイドラインの提示―67 の勧告　137

　　　（四）グリーンブック政策の効果　142

　　二　アメリカ合衆国における家庭内暴力加害者への対策　145

　　　（一）家庭内暴力への介入の義務化　145

　　　（二）加害者治療プログラム　155

第二節　韓国制度の検討　167

　一　家庭内暴力に関する韓国法律　167

　　（一）立法趣旨　167

　　（二）家庭内暴力処罰法　168

　　（三）家庭内暴力防止法　170

　二　被害者・加害者への対策　173

　　（一）警察の取り組み　174

　　（二）検察の取り組み　183

　　（三）裁判所の取り組み　187

第三節　問題解決に関する提言　192

　一　ファミリーバイオレンス法の制定　192

　二　警察の早期対応　196

　三　加害者の更生　199

　　（一）家庭内暴力の加害者に対する伝統的刑事制裁　199

　　（二）新たな刑事制裁としての加害者対策　200

　四　家庭内暴力に関する意識改善および広報　203

　　（一）「家庭内暴力は明らかな犯罪」というメッセージ　203

　　（二）家庭内暴力の実態調査　204

　五　被害者に対する支援　205

結　語　207

あとがき　213

索　引　214

序

　家庭の平穏は、健全な社会において、望ましい人間関係を形成するために必要不可欠である。個人にとって家庭生活は、社会を理解するための基盤であり、様々な人間関係を理解する経験の場となっている。家庭内における様々な経験は、その人格に非常に多くの影響を及ぼすのであって、家庭で暴力が発生した場合、成人であっても鬱病や自殺行動、自傷行為などを原因とした慢性後遺症による苦痛を受けることになる。家庭内暴力を直接経験、ないし目撃した児童は、人格形成において悪い影響を受け、暴力的な性格になる恐れがある。特に家族構成員による暴力は、家庭内での否定的な経験として、人生の全般に大きな影響を及ぼす。

　さらに極端な場合、深刻な犯罪につながるケースもある。日本の殺人事件全体の中で、親族間で発生した事件の割合は 2011 年には 52%（941 人中489 人）、2012 年には 53.5%（884 人中 473 人）、2013 年には 53.5%（858人中 473 人）、2014 年には 48.3%（934 人中 451 人）、2015 年には 52.4%（864 人中 453 人）を占めており、過去 5 年間平均 51.9%が親族間で発生している[1]。

　このような傾向は、日本だけではなく、諸外国でも見られる。アメリカ合衆国において配偶者又は内縁のパートナー（intimate partner）による殺人事件の数は、2000 年には 1247 件にのぼり、殺人事件全体の 33.5%を占めていた[2]。

---

1) 法務省『平成 24 年犯罪白書』～『平成 28 年犯罪白書』参照。

2) Callie M. Rennison, Intimate Partner Violence 1993-2001, U.S, DEPARTMENT OF JUSTICE OFFICE OF JUSTICE PROGRAM（2003）, available at http://bjs.ojp.usdoj.gov/content/pub/pdf/ipv01.pdf.

序

　韓国で、2015 年に発生した殺人事件の被害者と加害者の関係をみたとき、同居する親族関係（389 人中 102 人、26.2％）が最も多く、その他、恋人関係（389 人中 45 人、11.6％）、同居してない親族関係（389 人中 15 人、3.9％）の順であり、親族によるものが高い割合を占めていた。このような傾向は長期間にわたって続いており、全殺人事件のうち、親族によるものは、2011 年には 31％（449 人中 139 人）、2012 年には 32.7％（446 人中 146 人）、2013 年には 28.4％（377 人中 107 人）、2014 年には 29.8％（447 人中 133 人）であった[3]。さらに、殺人事件の特徴に関する調査によれば、過去 10 年間におこった殺人事件の加害者と被害者の関係は、親族が 19〜27％、知合いが 9〜15％、恋人が 8〜10％、面識なしが 17〜21％で、大部分の殺人事件は面識のある関係で発生する。面識のない者による犯罪発生率は、犯罪全体の 54〜61％で過半数以上を占めているが、殺人は 17〜21％で犯罪全体の 4 分の 1 である[4]。このように親族間で発生する暴力は、それ自体が深刻な問題であるのみならず、将来暴力事件に発展する恐れがあり、国家がその防止に積極的に取り組まなければならない課題である。

　このように、今日、家庭内暴力は積極的な対応を必要とする社会問題となっており、この問題をめぐって法律の制定や改正、学問的研究が行われている。すなわち、2000 年には児童虐待の防止等に関する法律（平成 12 年法律第 82 号、最終改正 2016 年。以下「児童虐待防止法」と表記する）、2001 年には配偶者からの暴力の防止及び被害者の保護に関する法律（平成 13 年法律第 31 号、最終改正 2016 年。以下「配偶者暴力防止法」と表記する）がそれぞれ制定され、家庭内暴力への問題意識が日本社会で共有され、被害の実態が表面化するようになった。しかし、数回の改正を経てもなお法的・社会的介入のあり方が十分ではないと批判されるのは、家庭内暴力が依然、犯罪と見なされていないことや、単に犯罪として評価し介入することだけでは

3）韓国警察庁犯罪統計参照。
4）カンウンヨン/バクヒョンミン『殺人犯罪の実態と類型別特徴-連続殺人、尊属殺人及び女性殺人犯罪者を中心に』（韓国刑事政策研究院、2008）148 頁。

その問題を解決することが難しいという点に原因がある。家庭内暴力のように特別な性格をもつ犯罪に対しては、その特徴について綿密な検討を行ったうえで、検討結果を反映させた対策を講じるべきである。このような事実に基づいて本書では、以下の検討を行う。

　第一に、日本の家庭内暴力の特徴、実態および関連法律・制度を検討する。家庭内暴力は家庭という閉ざされた空間で生じることから、被害者が被害を外部に伝えない限り第三者によって発見される可能性が低く、潜在化しやすい。また、加害者と被害者とが同じ場所で生活することから、犯罪が繰り返されることも多い。被害者が暴力に耐えることによって暴力がエスカレートし、被害が深刻化することもある。このような家庭内暴力の特性を考慮し、その予防および被害者の保護・支援を実現するには、まず、実態や既存の保護制度の内容を正確に把握しなければならない。家庭内暴力の実態分析は、現行法制度の実効性評価の手掛かりとなるだけでなく、新たな法律制定のためにも重要であろう。

　第二に、現行の法律・制度および家庭内暴力の被害者・加害者への対策上の問題について明らかにする。特に家庭内暴力の特徴を考慮し、被害者保護および暴力予防の観点から改善が必要な部分について述べる。

　第三に、上記の問題の解決方法について考究する。まず、問題解決の手がかりとなる諸外国の制度を分析する。日本に近似した法体系・法制度をもつ韓国の相談条件付起訴猶予制度と家庭内暴力を家庭保護事件として処理する制度などについて検討する。また、早くから加害者プログラムが実施され、その効果の検証に関する研究が蓄積されているアメリカ合衆国の制度についても分析する。

　最後に、その検討結果に基づいて、日本の家庭内暴力の被害者・加害者への対策上の問題の解決方法を検討する。具体的には総合的な法律の制定、警察の早期対応、加害者の更生、家庭内暴力に関する意識改善および広告、被害者への支援などを中心に述べる。

　そもそも家庭内暴力は、すべての人に対して発生しうるものであるが、その中でも身体的な弱者である女性・児童・老人などが暴力被害者となる可能

性が比較的高い。また、家庭内暴力の類型のうち、最も頻繁に発生するのは、配偶者暴力である。韓国の最高裁判所の統計によれば、家庭内暴力全体の中での配偶者暴力の割合 は、2009 年には 73％、2010 年と 2011 年では 75％となっており、一貫して非常に高い割合を占めている。ただし、ここで考慮しなければならないこと は、配偶者暴力が存在する家庭に子どもがいる場合、児童虐待が同時に発生する可能性が非常に高いことと、児童に対する直接的な虐待行為がなされていない場合であっても、父母間の暴力を目撃することによって児童にも大きな衝撃を与えることである。したがって、現行制度でみられるように、配偶者暴力・児童虐待の被害者に対して個別的に支援するよりも、配偶者暴力が児童に与える悪影響を勘案しながら、配偶者暴力被害者と児童虐待被害者を一緒に保護・支援することが、家庭内暴力被害者への援助政策としては望ましいと考えられる。このような理由から本書では、発生率が最も高い配偶者間暴力が児童に及ぼす影響に関心を持ち、配偶者暴力と児童虐待に焦点を当て、両者を共に支援できる法制度の整備等について検討を試みる。

第一章　家庭内暴力

第一節　家族および家庭内暴力の特徴

一　家庭内暴力の定義―日本・韓国・アメリカ

　かつて日本と韓国では、家庭内暴力は犯罪として認識されていなかったが、近年では、深刻な社会問題として関連研究も活発に行われている。家庭内暴力は、日常用語として多義的かつ曖昧な概念として用いられており、日本の法律においても家庭内暴力それ自体については定義されていないものの、その類型である配偶者暴力や児童虐待の概念については関連法において定義されている。配偶者暴力は「配偶者からの身体に対する暴力又はこれに準ずる心身に有害な影響をおよぼす言動」とされ、児童虐待は「児童に対する著しい暴言又は拒絶的な対応、児童が同居する家庭における配偶者に対する暴力、そのほか児童に著しい心理的外傷を与える言動を行うこと」と定義されている[5]。

　アメリカ合衆国では、家庭内暴力を、言語暴力、身体的暴力、性的暴力等

5）配偶者からの暴力の防止及び被害者の保護に関する法律第一条/児童虐待の防止に関する法律第二条四項。

第一章　家庭内暴力

に分類しており、深刻な場合には、殺人に至り[6]、社会において反規範的な行為を意味すると定義されている[7]。これに対して、韓国の「家庭暴力犯罪の処罰等に関する特例法」では家庭内暴力の定義について「家庭構成員[8]の間の身体的、精神的又は財産的な被害が伴う行動[9]」というにとどまり、非常に多義的に用いられている。しかし、ここで注目すべき点は、性的暴力が家庭内暴力に該当するのか否かについて明記していないが、財産的被害を与えること（経済的暴力）が家庭内暴力に該当すると明記したことである。家族構成員の間においても性的行為を強要すれば、それを暴力として認識すべきであり、既に2013年韓国大法院判決では、夫婦間における強姦罪の成立を認めたため[10]、同法の家庭内暴力の定義に性的暴力を追加すべきである。

　家族に財産的被害を与える行為、生活費を渡さない行為などの経済的暴力は、精神的・心理的被害を伴うケースが多いにもかかわらず、一般的に家庭内暴力の類型として認識されていないため、正しく評価されていない状況である。したがって、韓国法が家庭内暴力の類型の中で経済的暴力に言及した

---

6) Lyn shipway,『Domestic Violence: A Handbook for Health Care Professionals』,（Routledge, 2004）p. 691 以下。

7) オセヨン「家庭暴力常習性の原因と対応方案に関する研究」韓国中毒犯罪学会会報第 1 巻第 2 号（2011）83 頁。

8) 家庭内暴力犯罪の処罰に関する特例法第二条二によれば、家庭構成員とは①配偶者又は配偶者であった人、②自分又は配偶者の直系卑属関係の人又は直系卑属関係であった人、③継父母と子どもの関係又は嫡母と庶子関係又は関係であった人、④同居している親族、を意味する。

9) 韓国の家庭内暴力犯罪の処罰等に関する特例法第二条第三項によると、家庭内暴力と区別される家庭内暴力犯罪は、①傷害・暴行罪、②遺棄・虐待罪、③逮捕・監禁罪、④脅迫罪、⑤強姦・強制わいせつ罪、⑥名誉毀損罪、⑦住居侵入罪、⑧強要罪、⑨詐欺・恐喝罪のうち一部と定められている。

10) 韓国大法院判決 2013 年 5 月 16 日 2012 ド 14788。刑法第 297 条は婦女を強姦した者を処罰すると規定しており、刑法上の強姦罪の客体である婦女は、成年、未成年、既婚、未婚等を問わずに女子を意味すると解釈できる。すなわち、刑法は法律上、妻を強姦罪の客体から除外するとは規定しておらず、文言解釈上、法律上の妻が強姦罪の客体に該当すると解釈することができる。

第一節　家族および家庭内暴力の特徴

ことは日本において参考になると思われる。

　国連の立法ハンドブックによれば、家庭内暴力の形態に関して包括的に定義することが求められており、勧告として「法は身体的、性的、心理的、経済的暴力を含む家庭内暴力の包括的な定義を採用すべきである」とした。心理的暴行と同様に経済的暴力は、立証が困難であり、被害者も自分への心理的および経済的暴力に対して司法制度による強力な対応を期待してない可能性がある[11]。しかしながら、家庭内暴力は些細なことから始まり、徐々に深刻化する傾向にある。このような観点から、被害者の身体などに大きな被害が発生しない早期段階であっても、積極的な介入が求められるため、介入の根拠になる家庭内暴力の定義に対する見直しが必要であろう。

　[表 1-1][12] は韓国女性家族部が家庭内暴力を類型と対象によって分類したものである。しかし、これらの境界は明確ではなく、複数の行為が同時に行われる場合も少なくない。例えば、心理的暴力・虐待は他の類型の暴力・虐待が存在する際、同時に行われる可能性が高いため、一部の研究者は心理的暴力が他の類型の暴力の基礎となる虐待であると分析している[13]。このように家庭内暴力は、複数の類型の暴力・虐待が存在する可能性が高く、より広い意味で把握し、いかなる場合においても、適切な対応を行うべきである。

表 1-1　家庭内暴力の類型

対象 ＼ 種類	身体的暴力	性的暴力	心理的暴力	基本的欲求の不充足
児童	体罰 身体的暴力	性的暴力	心理的暴力・虐待	児童放置 （ネグレクト）
配偶者	妻の殴打	配偶者強姦	心理的暴力・虐待	

11）国連経済社会局女性の地位向上部『女性に対する暴力に関する立法ハンドブック』（信山社、2011）34 頁以下。

12）韓国女性家族部『2010 年家庭内暴力実態調査』（2010）、105 頁。

13）キムウンフェ『家庭内暴力犯罪―その理論と実態そして事例』（白山出版社、2008）23 頁。

第一章　家庭内暴力

また、同表には経済的暴力が含まれていないため、この点について更なる検討が求められる。暴力の概念・範囲を明確に設定することは、家庭内暴力への対策の第一歩になる。なぜならば、家庭内暴力を身体的暴力に限定すると被害者の大部分は女性となり、ジェンダーの観点に基づいた取り組みが行われる。一方、暴力を身体的暴力だけではなく、精神的虐待、ネグレクト、経済的暴力まで含む概念として解すれば、すべての家族構成員が被害者になりうるように、家庭内暴力の概念によって、被害者として扱われる対象が変わることになるからである。被害者保護・支援制度を講じる際、被害者の類型および特徴を反映しなければならないため、家庭内暴力の概念について明確に規定することが重要である。

　家庭内暴力の類型は、時代や社会などにより変わるため、国によってその概念も異なるであろう。しかし、同じ国であっても、家庭内暴力の範囲や類型などについてに関係機関が統一的な見解を示していないことは、その被害者・加害者への対策において障害要因になると思われる。家庭内暴力の類型は多様であり、軽微な暴力であっても家庭の中で反復し、徐々にエスカレートする恐れがあるため、その範囲を広く認めなければならない。家庭内暴力は Domestic Violence[14] を翻訳した語であり、日本では、一般的に配偶者や恋人などの関係において振るわれる暴力を意味する言葉として理解されている。そもそも、ドメスティックという言葉は、「家庭の」「家族の」という意味であり、バイオレンスは「暴力」という意味であるため、本書では家庭内暴力、すなわち、ドメスティック・バイオレンスの意味を家庭内で起こるすべての暴力として把握する。ただし、当該行為が家庭内暴力として評価できるか否かの判断は、心理学者やカウンセラー、被害者支援の業務を担当する者などを含むこの分野に関連する専門職にある者や研究者の見解が反映されるべきである[15]。家庭内暴力の概念についてより深い検討が求められるが、

14）尾崎哲夫『法律英語用語辞典』（自由国民社、2015）127 頁。
15）国連経済社会局女性の地位向上部・前掲注（11）35 頁。

第一節　家族および家庭内暴力の特徴

本書では［表 1-2］のように、家族構成員の間で行われる、身体的・精神的・性的・経済的暴力は家庭内暴力であると定義する。

表 1-2　家庭内暴力の態様

類型	態　　様
身体的暴力	殴る、蹴る、叩く、物を投げつける、首を絞める
精神的暴力	大声で怒鳴る、侮辱する、何を言っても無視する、口を利かない、脅す
性的暴力	性交を強要する、キスする、避妊に協力しない、ポルノを見せる
経済的暴力	生活費を渡さない、貯金を勝手に使う

二　家庭内暴力の閉鎖性

(一)「法は家庭に入らず」の概念と尊属殺の廃止

　家族は、「親、その子（子孫）や同じ世帯を共有している親戚（拡大家族）からなる、第一次の社会的集団であり、広義には、共通の祖先をもつ子孫や血縁関係にある個体からなる集団のこと」である[16]。このような家族構成員が生活する場所が家庭である。家庭内で発生する暴力を犯罪として扱い、法的対応をとることについて、とくに刑事法の領域では長期間にわたって消極的な態度がとられてきた[17]。たとえば、妻が夫から日常的な暴力を受け、警察に通報したとしても、「夫婦げんか」として処理されるだけに終わり、警察への通報を理由にさらに暴力がエスカレートすることもあった。しかし、家庭内暴力は、意図的に行われる強要や威嚇行為であり、相手を支配するものである点で、単なる夫婦げんかとは性格を異にする[18]。

---

16) 中釜洋子『家族心理学―家族システムの発達と臨床的援助』（有斐閣アルマ、2008）4 頁。

17) 後藤弘子「ファミリー・バイオレンス―新たな制裁の在り方をめざして」刑法雑誌第 50 巻第 3 号（2011）391 頁。

18) キムウンフェ・前掲注（13）65 頁。

第一章　家庭内暴力

　家庭内暴力に対する対応につき国家が消極的であった理由として、ローマ
法からコモン・ローを通じての法格言である「法は家庭に入らず[19]」の原則
の存在が指摘される。この法格言は、以下の通り説明される[20]。

　古代ギリシャやローマの国は、家長たちによって構成される共同体であ
り、法も家長たち相互の関係を規律するものであって、家長の家庭への支配
には原則として介入しなかった。同時代においても家族に関する法は存在し
たが、とりわけ、国にとって最も重要な問題であった戦士の供給確保のため
家族政策上の立法がなされたが、家長の家内支配に直接介入するものは非常
に例外的な場合に限定された。また、「家は最も安全な避難所」という言葉
の通り、家長の支配する家には、何人といえども無断で入ることはできな
かった。西ヨーロッパでも、このような家長の支配が原則であったが、近世
絶対主義王権は、重商主義の観点からも、古代以上に家族政策を進め、家庭
内の問題にも介入してきた。それで、家長の側からは一層強く、「法は家庭
に入らず」の原則を主張した。

　また、日本の近代法においても、明治民法における家制度に基づいて、家
族構成員に対する戸主の統制権が基礎付けられており、西洋近代法とともに
夫婦一体観が受け入れられ、夫の妻に対する支配権限が実定法化された。す
なわち、家族構成員に対する統制は法ではなく、基本的に家の統率者である
戸主が担っていた[21]。

---

19)「法は家庭に入らず」とは、国家は家庭の領域においては刑罰権を行使すること
　なく親族間の規律に委ねるべきという法思想である。那須修「警察実務家による刑
　事学講義録10」警察学論集第 61 巻第 3 号（2008）155 頁。
20)　山畠正男「法は家庭に入らず」山畠正男/福永有利/小川浩三編『法のことわざと
　民法』（北海道大学図書刊行会、1985）159 頁以下。
21)　床谷文雄「序―「法は家庭に入らず」の再考」民商法雑誌大 129 巻第 4・5 号（2004）
　467 頁以下。

第一節　家族および家庭内暴力の特徴

このような傾向は、刑法においても見られる。刑法第244条において規定されている「親族間の犯罪に関する特例」がその例として挙げられる。同規定によれば、配偶者[22]、直系血族又は同居の親族との間で発生した窃盗、不動産侵奪、詐欺、背任、恐喝、横領などの特定の罪を犯した者に対しては刑罰を科さないと定められている（刑の免除）。同制度は、「法は家庭に入らず」の原則の下で、親族間で発生した財産犯については国家（刑罰権）の積極的な介入を避けて、親族間の規律に委ねることが望ましいという政策的考慮から設けられたものである[23]。家族の経済的・社会的な依存関係及び親密性という特徴に基づいて家族間で発生した財産犯については寛大な対応をとる場合が多い。なぜならば、犯罪行為者（家族）を処罰することによってその事実が外部に知られた場合、逆に家族の名誉を傷つけ、家庭の平和を乱し、結果的により大きな社会損害を与える恐れがあるからである[24]。しかし、近時の「親族相盗例」に関する最高裁判所の判例[25]は、未成年被後見人に対する未成年後見人（未成年後見人と親族関係にある者）の財産犯（横領罪）における親族相盗例の適用を否定する傾向にあり、このような原則は徐々に意味を失っていると思われる。

尊属殺　一方、家族という関係により加重処罰されることもあった。尊属殺がその例である。日本では、1995年まで尊属殺（旧200条）の規定があったが、同年の改正により削除された。同罪は、自己又は配偶者の直系尊属を殺害することにより成立し、法定刑は死刑又は無期懲役であった。当初、同罪が違憲ではないか争いがあるものの最高裁の判例はこれを合憲としてい

---

22) この規定における配偶者は、内縁関係を含まない。最決平成18・8・30刑集60-6-479。

23) 最判昭25・12・12刑集4-12-2543。

24) 小野幸二「家族間の不法行為」『現代家族法大系第2巻』（有斐閣、1980）400頁。

25) 被後見人の親族に当たる後見人が横領した事案に関する判例は、最決平20・2・18刑集62-2-37などがあり、同事案に関する裁判例は、仙台高判平19・5・31刑集62-2-76などがあるが、いずれも親族相盗例の重要を否定した。

第一章　家庭内暴力

た[26]。すなわち、同罪の立法目的等について以下のように述べ、このことをその処罰に反映させても、不合理ではないと判断されてきた。

　尊属を卑属またはその配偶者が殺害することは、一般人に高度の社会的道義的非難に資するものとし、かかる所為を通常の殺人の場合より厳重に処罰することによってこれを強く禁圧しようとするにあるものと解される。親族は、結婚と血縁とを主たる基盤とし、互いに自然的な敬愛と親密の情によって結ばれていると同時に、その間おのずから長幼の別や責任の分担に伴うのであって、尊属に対する尊重報恩は、社会生活上の基本的道義というべく、このような自然的情愛ないし普遍的倫理の維持は、刑法上の保護に資するものである。しかるに、自己又は配偶者の直系尊属を殺害する行為は、その関係を破壊することであって、それ自体が人倫に反するため、あえてこのような行為をした者の背倫理性は特に重い非難に値するということができる。このような点を考えれば、尊属殺は、通常の殺人に比して一般に高度の社会的・道義的非難を受けてしかるべきである[27]。

　しかし、同罪の法定刑が殺人罪に比べて極めて重く処罰されたため、第二次世界大戦後、法の下の平等（憲法第 14 条 1 項）に反するか否かが議論されてきた。最高裁は当初、尊属殺重罰規定は法が子の親に対する道徳的義務を特に重視したものにほかならず、このような道徳は人類普遍の道徳原理すなわち、自然法に属するなどとし、法定刑として死刑又は無期懲役のみが定められていることは「厳に失するの憾みがないではない」が所詮は立法の当否の問題に帰するとして、違憲ではないと判断し[28]、その後、合憲とする判断が続いた[29]。

26）尊属殺に対して合憲の判決を言い渡した判例は、最判昭 25・10・25 刑集 4-10-2126、最判昭 32・2・20 刑集 11-2-814 などがある。

27）最判昭 48・4・4 刑集 27-3-265。

28）最判昭 25・10・25 刑集 4-10-2126。

29）最判昭 32・2・20 刑集 11-2-824。

第一節　家族および家庭内暴力の特徴

　その一方、学説上は、被害者が尊属であることを理由に刑を加重すること自体、封建的倫理観念に基づくもので憲法とは相いれないこと、あるいは尊属殺人罪の法定刑は、現実の尊属殺事案の具体的情状に照らして酷に失し、犯情の重い尊属殺事案に対しては殺人罪の法定刑で対処できることなどを理由として、次第に違憲論が多数を占めるようになった[30]。その後、大法廷の判決により、法定刑が重すぎるとして違憲と判断されるに至った[31]。この大法廷判決の事案は以下の通りである。

　被告人（女性）は満 14 歳になったばかりのころ、実父（被害者）に姦淫され、以降実母とも別居し、実父と夫婦同様の生活を余儀なくされ、2 人の間に 5 人の子どもが産まれた。その後、被告人は、就職し、勤務先の男性と交際することになり、同人と結婚を決心した。被告人がこの事実を実父に知らせたところ、実父は怒鳴り出し、翌日から 10 日ほど被告人の外出を制限し、監視するだけではなく、性交を強要した。そして、ある日、被告人は泥酔した実父と口論になり、その結果、実父を絞殺するに至った。
　第一審の宇都宮地裁は、尊厳殺を規定した刑法第 200 条は、憲法第 14 条第 1 項に違反するものとしてその適用を排除したうえ、被告人の行動が過剰防衛であることを認め、その上さらに心神耗弱を認定し、刑の免除を言い渡した。検察側が控訴したところ、第二審の東京高裁は、原判決を破棄して自判し、刑法第 200 条を合憲としただけでなく、被告人に急迫不正の侵害も存在しないとして防衛行為の成立を認めず、心神耗弱は認められるとし、法定刑の下限（無期懲役）に法律上の減軽と酌量減軽の 2 回の減軽をほどこし、最低の宣告刑である 3 年 6 月の懲役を言い渡した。これに対して弁護人側が上告したところ、大法廷は、原判決を破棄して自判し、刑法第 200 条を違憲無効として刑法第 199 条を適用し、心神耗弱による減軽をほどこして被告人を懲役 2 年 6 月に処し、さらに犯情を考慮して、3 年間刑の執行を猶予する

30）前田雅英外『条解刑法〔第 3 版〕』（弘文堂、2013）578 頁以下。
31）最判昭 48・4・4 刑集 27-3-265。

第一章　家庭内暴力

と言い渡した。大法廷の意見は分かれているが、多数意見は、尊属殺を重く処罰すること自体は違憲でないとしつつ、2 回の減軽によっても処断刑の下限が 3 年 6 月にとどまり執行猶予を付しえないほど法定刑が重い点が憲法第 14 条に違反するとした。具体的には以下のように述べた。

　尊属殺の法定刑は死刑および無期懲役刑のみであり、普通殺人罪に関する同法第 199 条の法定刑は死刑、無期懲役刑のほか 3 年以上の有期懲役刑となっているのと比較して、刑種選択の範囲が極めて重い刑に限られていることは明らかである。もっとも、現行刑法にはいくつかの減軽規定が存し、2 回の減軽を加えても、尊属殺につき有罪とされた卑属に対して刑を言い渡すべき時は処断刑の下限は懲役 3 年 6 月を下ることがなく、その結果として、いかに酌量すべき情状があろうとも法律上刑の執行を猶予することはできないのであり、普通殺の場合とは著しい対処をなすものといわなければならない。尊属殺の法定刑は、それが死刑又は無期懲役刑に限られている点においてあまりにも厳しいものというべく、尊属に対する敬愛や報恩という自然的情愛ないし普遍的倫理の維持尊重の観点のみをもつてしては、それにつき十分納得すべき説明がつきかねるところであり、合理的根拠に基づく差別的取り扱いとして正当化することは到底できない。

　この最高裁判決に基づき道徳的な観点から通常の殺人罪より重く処罰すべきであると評価されていた同罪は、1974 年 4 月 4 日、憲法の平等原則に違反するため廃止された[32]。
　このように、同じ犯罪であっても被害者と加害者の関係によって、刑が加重されたり、減軽されたりすることは、家族の特性が刑事処罰において考慮されたためであろう。このような現象は、家族内で暴力が発生した場合にもみられる。かつては、家庭内で暴力が発生しても問題視されず、夫婦げんかや子どものしつけという言い訳がそのまま受け入れられ、見過ごされることが

32）横瀬浩司「尊属殺重罰規定と法の下の平等」中京法学第 23 巻（1988）146 頁以下。

第一節　家族および家庭内暴力の特徴

頻繁にあった。家庭内暴力が客観的には刑法犯の性質を持つ行為であっても、それが家族構成員の間で発生するという事情から、加害者意識または被害者意識が希薄であるということも、問題が深刻化するまで解決手段が取られなかった理由であろう[33]。1999 年に実施された「検挙件数の被害者と被疑者の関係別構成比[34]」の統計によれば、親族間で発生した犯罪のうち、殺人が全体の 42.6％と半数近くを占めていたのに対し、傷害は 4.3％を占めるにすぎなかった。一方、親族など以外[35]の間で発生した犯罪のうちでは、殺人と傷害とがほぼ同じ割合を占めているか、あるいは傷害の発生割合が殺人のそれを上回っていた[36]。このように、親族間に発生する犯罪が他の犯罪と異なる特徴がある理由について、家族[37]という関係の性格と家庭内暴力の特徴とを関連付けて検討する。

（二）家族および家庭内暴力の特徴

1　自律性・閉鎖性

　家族は閉鎖的な空間にいるため、これを理由にして、家庭内暴力への積極的な対応が否定されたことも過去にあった。ここまでで指摘したように、家庭内で発生する問題には、家族構成員による自律的な解決が求められてい

33）石堂功卓「家庭内暴力─夫婦関係を中心に」中京法学第 39 巻第 1・2 号（2004）98 頁。

34）法務総合研究所『犯罪白書』（1999）245 頁。

35）この調査は 1998 年の罪名別検挙件数について、被害者と被疑者との関係を大きく①親族等、②面識あり、③面識なし、④その他の別に構成比を調査したものである。

36）1998 年被害者と加害者が「面識あり」の場合、殺人は 44.3％、傷害は 44.5％であり、「面識なし」の場合、殺人は 13％、傷害は 51.2％であった。1999 年の調査によると家族などによる殺人は 42％、傷害は 5.3％であり、面識ありと面識なしの場合、殺人は 45.1％と 12.8％、傷害は 45.3％と 49.4％で家族等以外の関係においては、傷害の方が多いか、同程度であった。

37）家族に関して、家族心理学分野では、親密性と世帯間関係によって特徴づけられる小集団であるとされており、法的には親族の定義が民法第 725 条にある。

15

た。しかし、夫が家族をコントロールする方法として身体的暴力などの有形力を行使したり、精神的な苦痛を与えたりし、それが家庭内暴力に発展する場合があった。ここでさらに問題となるのは、家庭内での暴力を外部から発見することが極めて難しい点である。家庭という閉鎖空間で行われることや被害者自身も被害事実を明らかにするのを躊躇しがちになることなどを理由に、家庭内暴力は外部から認識されにくいのである[38]。

　また、家庭内暴力は直接の被害者だけでなく、他の家族構成員にも影響を及ぼすことがある。第一に、家庭内暴力は、その暴力を目撃した家族構成員にも深刻な影響を及ぼすと指摘されている。すなわち、父母間での暴力を目撃することは、児童に大きな精神的被害を与える。子どもに対する直接的な暴力だけでなく、父から母への暴力を日常的に見せることも、子どもに対する暴力にあたるのである[39]。第二に、家庭内暴力の重複発生の問題がある。配偶者暴力が発生した家庭に児童がいる場合、その児童もまた身体的・精神的な虐待を受ける可能性が高い[40]。逆に児童虐待が発生した場合にも、配偶者への暴力が同時に発生している可能性が高い[41]。以上の問題に関しては、次章で詳述する。

2　関係の親密性

　家族が親密な関係にあることは、家庭内暴力の対策・解決を困難にする大きな原因となっている。家庭内暴力は、関係の親密性を理由に起こる暴力で

---

38) 東京弁護士会/両性の平等に関する委員会編『ドメスティック・バイオレンス・セクシュアル・ハラスメント』（商事法務研究会、2001）7 頁。

39) 後藤弘子「ドメスティック・バイオレンスとその刑事的対応」警察学論集第 53 巻第 4 号（2000）138 頁以下。

40) 石井朝子『よくわかる DV 被害者への理解と支援』（明石書店、2009）117 頁、宮地尚子「親密な領域での暴力は被害者から何を奪うのか」ジュリスト 1409 号（2010）160 頁。

41) ランディ・バンクロフトほか（幾島幸子訳）『DV にさらされる子どもたち―加害者としての親が家族機能に及ぼす影響』（金剛出版、2004）11 頁。

あり、加害者の強い情緒的な愛着や甘えが背景になっている。ドメスティック・バイオレンスの研究では、加害者が被害者にもつ情緒的愛着や、被害者が加害者にもつ愛着が暴力に対する取り組みを困難にしていると指摘されている[42]。したがって、被害者に対する加害者のゆがんだ感情に基づいた暴力的な行動を矯正し、再犯を防止することが重要である。

また、親密な関係に置かれている家族構成員間に暴力が発生する場合、それが犯罪として認識されず、許されることが多い。暴力行為が他人の間で発生する通常の場合と、家族構成員間で発生する場合とを想定しよう。前者の場合、当該暴力行為は犯罪または不法行為として扱われ、民刑事法上の責任を発生させることになるが、後者の場合には、「夫婦げんか」や「子どものしつけ」という弁解がそのまま受け入れられ、法的対応が行われないことも少なくない。前者と後者の差異は、被害者と加害者の関係、すなわち、家族という親密な関係性にあり[43]、このような特性は法的介入を困難にする要因となっている。

3 経済的・社会的な依存関係

家庭内暴力、特に配偶者暴力に関しては、「なぜ、被害者は暴力をふるう者から逃れないのか」という疑問が投げかけられることも多い。配偶者暴力は、一般的な略取誘拐のケースとは異なり、被害者の大部分は成人であるため、被害者が物理的に束縛されている例は少なく、通常の社会生活を営んでいる場合も多い。逃れようと思えば逃れることはできたはずであるのに、なぜ被害者は加害者から離れないのか[44]。家族構成員は互いに補い合いながら人間関係を保っている。この関係は相当に強固なものとみてよい[45]。家族内

---

42) 坂本佳鶴恵「ファミリー・バイオレンスの特性をめぐって―社会学の視点から」刑法雑誌第50巻第3号（2011）399頁。

43) 中村正『ドメスティック・バイオレンスと家族の病理』（作品社、2001）36頁。

44) 法執行研究会編『法はDV被害者を救えるか―法分野協働と国際比較』（商事法務、2013）40頁。

45) 中村正・前掲注（43）34頁。

第一章　家庭内暴力

では、とくに妻が夫に経済的・社会的に依存する傾向が強いので[46]、夫から暴力を受けたとしても逃れたり被害を訴えたりすることができず、我慢して生活を続ける場合が多い。夫から離れることでその後の生活費や住居の確保、子どもの教育が困難になることを憂慮して、暴力的な関係から離脱しないことを選ぶことになる[47]。すなわち、加害者に経済的・社会的に依存している家庭内暴力被害者は、見えない鎖に縛られているのである。その結果、暴力が繰り返され、エスカレートすることもある。家族の経済的・社会的依存関係は、家庭内暴力を深刻化させる大きな要因となっている[48]。夫が家族を扶養している場合、経済的な依存関係が夫から妻および子どもへの支配関係につながりやすい（パワーとコントロールの関係）。

　共働き世帯と専業主婦世帯（男性雇用者と無職の妻からなる世帯）とを比べると 1980 年には共働きが 614 万世帯、専業主婦世帯は 1114 万世帯であり、後者が前者の約 2 倍であった。しかし、1997 年には前者が 949 万世帯、後者が 921 万世帯で、前者が後者を上回っている状況になった。さらに、2016 年には前者が 1114 万世帯、後者が 687 万世帯で、前者が後者の約 2 倍となった[49]。1980 年には夫だけが収入を得ている家庭が圧倒的に多かったが、徐々に減少し、現在は夫婦がともに収入を得ている家庭が多い。しかし、2016 年の時点でも、全世帯の約 38.1％は夫だけが家族を扶養している。夫だけが収入を得ている場合、他の家族構成員は経済的に夫を依存することになる。さらに、極端的な場合、夫は身体的な暴力や威嚇、心理的に作用する

46）実際に、離婚の際に妻が無職である割合は、1995 年に成立した離婚において 48.5％である。また、離婚後の求職活動は難しい現状にあり、離婚後の経済的な不安は女性に相当な心理的圧迫を与えていると思われる。小島妙子『ドメスティック・バイオレンスの法—アメリカ合衆国法と日本法の挑戦』（信山社出版株式会社、2002）7 頁。

47）小島妙子「ドメスティック・バイオレンスの法的救済—警察の法的機能」刑法雑誌第 50 巻第 3 号（201 ）408 頁。

48）坂本佳鶴恵・前掲注（42）398 頁。

49）平成 28 年版厚生労働白書（2016）250 頁。

侮辱や辱めなどを支配の手段として使うこともあり、家庭内暴力につながる恐れがある。

　また、家庭は子どもの養育・教育の場であるが、親が子どもを保護・監督し、社会化（子どもに対する教育・しつけ）するという社会的・法的関係は、子どもが親から暴力を受ける口実となり、暴力を受けても逃れられない原因となる[50]。

三　被害者・加害者対策上の難点

　では、家庭内暴力がもつこれらの特徴は、被害者への支援や犯罪への対策を講じる際に、どのような問題を引き起こすのであろうか。

（一）暴力の反復・エスカレート化

　家庭内で暴力が発生しても、保護命令等の措置が取られない限り、大部分の被害者と加害者は、引き続き同居することになる。他の犯罪の場合、加害者と被害者が同じ空間で生活することは多くないが、家庭内暴力の場合は、加害者と被害者が同じ住居空間で暮らし続けるため、暴力が反復的に行われる恐れがある。家族関係から抜け出し、加害者から引き離れない限り、被害者が暴力から免れることは困難である[51]。

　アメリカのレノア・E・ウォーカー（Lenore E. Walker）によれば、家庭内暴力の被害者は一定の「暴力のサイクル」を経験しており、次頁の［図1-1］は、このサイクルを描いたものである。暴力のサイクルは三段階からなり、それぞれの段階に留まる期間やサイクルが一回りする期間は表されていないが、各段階が互いに影響を与えていることは明らかである。

　第一のステップは、葛藤発生段階である。この段階において、加害者と被害者は、口論し、徐々にコミュニケーションを取れなくなる。また、加害者

50）坂本佳鶴恵・前掲注（42）398頁。
51）キムウンフェ・前掲注（13）66頁。

第一章　家庭内暴力

図1-1　暴力のサイクル

は軽微な暴力を振るうが、被害者は不安を感じながらも、加害者の暴力的な態度が正当であると考え、自分が悪かったと加害者に伝えることにより、暴力再発の予防を図る。しかし、このような努力にもかかわらず、加害者と被害者間の緊張・葛藤が高まる。緊張・葛藤は高まれば、自分の行動へのコントロールが効かなくなり、第二のステップである暴力発生段階に至る。この段階では、加害者は被害者に身体的・精神的・性的暴力を振るう。この段階は、他の段階に比して短時間で終わる傾向にあると報告されている。暴力が終わると、加害者・被害者は出来事に対して衝撃を受けるが、現実を真摯に受け止めることなく、否認する場合が多い。すなわち、加害者・被害者は、暴力の結果を過小評価することにより、家庭内暴力が発生した現実から逃避しようとする。暴力が発生することによって第二のステップが終わると、次のステップであるハネムーン段階となる[52]。この段階において、加害者は、自分の暴力的な行動について反省し、被害者に謝罪する。さらに、加害者は被害者に対して愛情表現をしながら、後悔の気持ちを積極的に伝える。被害者は加害者の謝罪を受け入れ、再び暴力を振るわないと信じて暴力の衝撃を克服し、日常生活に復帰する[53]。しかし、再び日常生活において、葛藤・緊

---

52) レノア博士はこのステップを「優しさと悔恨、そして愛情」と表現した。
53) 斉藤学訳『バタードウーマン虐待された妻たち』（金剛出版、1997）60頁以下。
　1736 Family Crisis Center ホームページ参照、http://www.1736familycrisiscenter.org/

張が発生し蓄積された際には、それらが爆発して再度暴力が発生することになる。家庭内暴力は、このようなメカニズムにより反復される傾向にある[54]。

　さらに、家庭内暴力は多くの場合、時間の経過によって暴力がエスカレートし、被害が深刻化する[55]。心理的な抑圧からはじまり、徐々に精神的暴力・経済的暴力、さらに身体的・性的暴力へと進み、傷害や殺人など最悪の事態に至ることもある[56]。したがって、家庭内暴力に取り組む場合、このような危険性を常に念頭に置いて、とりわけ加害者の矯正・更生を通じた暴力のエスカレート・再犯の防止に努めなければならない。

（二）家族構成員への影響

1　家庭内暴力の重複発生

　家庭内暴力は、他の類型の犯罪を誘発する恐れがある。特に配偶者暴力と児童虐待は重複して発生する可能性が高い。アメリカ合衆国の調査研究では、暴力が発生した家庭のうち、約30〜50％の家庭において、配偶者暴力と児童虐待が重複して発生したと報告されている[57]。日本においても同様の

---

pdf/Cycle%20of%20Violence_v3.pdf、最終閲覧日：2016年8月31日。

54）LENORE E. WALKER, THE BATTERED WOMAN 55〜70(1979).

55）内閣府男女共生参画局推進課「配偶者からの暴力の防止及び被害者の保護に関する法律の改正の概要と関連施策の現状」法律のひろば第61巻第6号（2008）4頁。

56）野水美和子「DVをめぐる実務—DVを許さない社会を目指して」市民と法第67号（2011）11頁。

57）アメリカ合衆国の場合は、調査方法によって偏差が大きい。家庭内暴力の30％〜60％が重複発生していると報告した書籍として、HON D. KIESEL, DOMESTIC VIOLENCE: LAW, POLICY AND PRACTICE, LEXISNEXIS（2007）があり、30％〜50％であると報告した書籍として、PETER G. JAFFE ET AL, CHILDREN OF BATTERED WOMAN, SAGE PUBLICATION（1990）, MURRAY A. STRAUS ET AL, PHYSICAL VIOLENCE IN AMERICAN FAMILIES, NJ: TRANSACTION（1990）がある。このように家庭内暴力が重複発生する統計は、一貫していないが、少なくとも暴力が行った家庭のうち30％〜50％は、配偶者暴力・児童虐待などが同時に発生したことが分かる。

第一章　家庭内暴力

傾向が存在することを示す調査や統計がある。2004 年に東京都生活文化局
が発表した報告書によると、5 割をこえる家庭で、配偶者間での暴力が子ど
もにも及んでいた[58]。その内容は、「殴る」が 45.5％、「蹴る」が 15.6％、「暴
言・罵倒」が 54.5％、「脅す」が 24.7％である[59]。また、2003 年に内閣府
男女共同参画局が行った「配偶者からの暴力に関する調査」の中で、配偶者
や恋人から暴力行為を受けていた当時、子どもがいた者（303 人）に、その
相手が子どもに対しても同様な行為をしたことがあったかを聞いたところ、
2 割弱の者が「あった」（18.8％）と回答した[60]。

　韓国では、1998 年に韓国保健社会研究院が発表した報告書によると、す
べての家庭のうち、約 113 万の家庭で暴力が発生していると推定されてお
り、そのうち、約 20 万 9 千の家庭において家族構成員に対する暴力が重複
して発生していると報告されている[61]。このように家庭内で複数の暴力・虐
待が発生する可能性があるため、家庭内暴力の類型や被害者（例えば、女性、
児童等）に基づいて個別的にアクセスすることより、それぞれが相互密接な
関係にあることを認識しつつ、総合的な観点に基づいてアクセスすることが
被害者保護・支援のために効果的であると期待される[62]。家庭内暴力に対し
て取り組む際、重複発生の恐れがあることを十分に認知しなければならない
ことを再度強調したい。

2　暴力を目撃したことによる影響

　家庭内暴力は直接的に暴力を受けた者だけでなく、その目撃者にも著しい

58）この調査は、子どものいる DV 被害者 151 人（被害者の 83.9％が子どもありと回
　答）に対して行われた。
59）東京都生活文化局「配偶者等暴力被害の実態と関係機関の現状に関する調査」
　（2004）10 頁。
60）内閣府男女共同参画局「配偶者からの暴力に関する調査」（2003）94 頁。
61）キムスンクォン「韓国家庭暴力の概念定立と実態に関する研究」韓国保健社会研
　究院報告書（1998）158 頁。
62）韓国女性家族部「2007 年全国家庭暴力実体調査」（2008）196 頁。

第一節　家族および家庭内暴力の特徴

悪影響を及ぼす[63]。2005 年に内閣府共同参画局が実施した「配偶者からの暴力に関する調査」の中で、配偶者から何らかの被害を受けていたことを子どもが「知っていた」と答えた者（195 人）に、その影響を聞いたところ、子どもの心身に「影響を与えたと思う」（67.2％）と回答した者が 7 割近くを占めていた[64]。

　児童虐待防止法第 11 条 4 項は、児童虐待を「児童に対する著しい暴言又は著しい拒絶的な対応、児童が同居する家庭における配偶者に対する暴力その他の児童に著しい心理的な外傷を与える言動を行うこと」と定義し、家庭での配偶者暴力の発生を児童虐待の内容に盛り込んでいる。子どもに対する直接的な暴力だけでなく、妻に対する暴力を日常的に見せられることが子どもに対する暴力ともいえるのである[65]。

　一方、配偶者暴力防止法では、児童虐待を目撃したことが配偶者暴力に該当するという定義がなされていない。その理由としては、第一に、当該行為は同法上の「配偶者からの暴力」の定義のうち、「心身に有害な影響を及ぼす言動」に該当すると解釈される可能性があること、第二に、身体的・精神的未熟である子どもに比べて、成人は自力で助けを求めることができるだけではなく、児童虐待の目撃による悪影響は子どもより少ないため当該行為が配偶者暴力に該当するか否かが明らかでないことが挙げられる。しかし、成人であっても、子どもが自分の配偶者によって虐待されるのを目撃すれば、大きな衝撃を受けることはもちろん、虐待行為を制止できなかったことに罪悪感をもち、精神的苦痛を受けることもあろう。さらに、加害者から逃れたくても、このような状況によって、逃れられない場合もあるだろうし、関係の親密性や経済的・社会的依存関係等により助けを求めることを躊躇するケースもあるだろう。したがって、法律の改正によって、同行為が配偶者暴力に該当すると明記する必要まではないとしても、解釈により配偶者暴力に

63）MELISSA J.DOAK, CHILD ABUSE AND DOMESTIC VIOLENCE 1 （2011）.

64）男女共同参画局「男女間における暴力に関する調査報告書」（2006）58 頁。

65）後藤弘子・前掲注（17）138 頁以下。

第一章　家庭内暴力

該当すると認めるべきである。

　このように、家庭内暴力は、被害を受けた者だけでなく、他の家族構成員にも影響を及ぼす特徴があるため、家庭内暴力に取り組む際には、直接暴力を受けた者だけに焦点を当てるのではなく、他の家族構成員がそれを目撃したか、目撃した場合には心身に有害な影響を与えたか等を検討して、適切に対応しなければならない。

（三）顕在化することの困難さ

　家庭内暴力は、私的領域で発生する暴力であるため、外部から認識されにくいという特徴がある。したがって、被害者が自ら相談すること、被害届を出すこと、関係機関に通報することなどが重要となるが、被害者からの告発には困難が伴う。以上で検討したように、被害者と加害者とが家族という特別な関係にあることや、両者が心理的・経済的・社会的な依存関係にあることから、被害者自らが外部に救済を求めないことが少なくない。家庭内暴力の事実が外部から認識されて専門的な対策が講じられても、それまで長期にわたって深刻な被害を受け続けていたことにより、被害者の回復に時間がかかることも頻繁にある。家庭内暴力は精神的・心理的暴力などから始まるため、立証が難しいだけではなく、被害者も当該行為を家庭内暴力として認識していない場合が多い。したがって、発生した暴力に対する措置をとらず、放置することにより、暴力は徐々に深刻なものとなり、身体的暴力などに至った時点で発見されることになる。また、信頼している家族構成員からの暴力であることから、他の犯罪に比べて被害者が感じる恐怖と衝撃も大きい[66]。

　また、加害意識および被害意識が非常に希薄であることも問題である。家族である加害者が暴力的な行動をとるのは自分に非があるからだと被害者が思い込むため、第三者に相談したり、被害を訴えたりすることは稀である。その結果、被害者は、自らの生きる道や方法を主体的に選択することを忘れ、他者に依存し、支配されて生きるという選択を余儀なくされている[67]。被害

66）キムウンフェ・前掲注（13）68頁以下。

者が被害を訴えるには、まず、自分の受けた行為が犯罪であると認識することが第一歩となる。したがって、家庭内暴力に関する情報を広報し、被害者の意識改善と被害の顕在化を図ることが対策として重要な意味をもつ。

（四）加害者からの分離

　家庭内暴力の被害者は、加害者への経済的・社会的依存により、加害者から逃れることを躊躇する。2014 年に内閣府男女共同参画局は、配偶者から被害を受け始めた時点で相手と「別れたい（別れよう）と思ったが、別れなかった」という者（213 人）を対象に、別れなかった最も大きな理由を聞く調査を実施した（重複回答）。結果は、「子どもがいるから、子どものことを考えたから」との回答が 63.8％と最も多く、次いで「経済的な不安があったから」（36.2％）、「相手が変わってくれるかもしれないと思ったから」（21.6％）の順となっている。男女別にみると、男女とも、「子どもがいるから、子どものことを考えたから」が最も多く（女性 65.8％、男性 59％）、次いで、女性は「経済的な不安があったから」（44.7％）、男性は「相手が変わってくれるかもしれないと思ったから」（26.2％）が多くなっている。

　また、東京都生活文化局の調査において、被害者が暴力から逃げられない（逃げられなかった）理由を聞いたところ、「経済的な不安」が最も多く43.9％であった。それに続いて、「逃げても見つけられ、よりひどい暴力を受ける」（20.0％）、「離婚はよくない」（19.4％）、「周りに支援者がいない」（17.8％）の順となっている。子どもがいる被害者の間では、「子どものために一人親にしたくない」との回答が最も多く 41.7％であり、「子どもを転校・転園させたくない」が 21.2％となっている。その他、被害者が不安に思っていることは「経済的なこと」が最も多く 57.2％である。また 4 割近くの者が加害者による追跡を不安に思っている[68]。

　このように、被害者は、①子どもや家庭を守る必要性や、②加害者への経

67）岩井宜子『ファミリーバイオレンス第 2 版』（尚学社、2010）22 頁。
68）東京都生活文化局・前掲注（59）9 頁。

第一章　家庭内暴力

済的な依存を理由として、暴力を受けても加害者から逃れることができず、暴力に耐えることを選択する。一般的な暴力犯罪の場合は、これらの事情を考慮することなく被害を外部に訴えることができるが、家庭内暴力の場合、従前の関係性を維持しながら、暴力を防止するという選択肢は、現在の刑事司法制度において用意されていない[69]。被害者は自分のことだけでなく子どもなどの家族構成員の存在も考慮しなければならないため、加害者から逃れることを選択するのが困難となっている。被害者が加害者から逃れず、家庭にとどまる場合は加害者の更生を、加害者から逃れるために家庭を離れる場合は被害者の自立支援を中心に取り組みを行わなければならない。

第二節　家庭内暴力の実態

　内閣府男女共同参画局は配偶者暴力防止法第25条に基づき、1999年から3年ごとに「男女間における暴力に関する調査」を実施してきた。具体的には、1999年、2002年、2005年、2008年、2011年および2014年において、全国の20歳以上の男女5000人（2005年度以前は4500人）を対象に、無作為抽出によるアンケート調査を実施している。以下では、まず、その調査研究の統計データに基づいて、配偶者暴力の実態を分析した後、児童相談所などが公開した資料等を検討しつつ、児童虐待の実態を把握する。

一　配偶者暴力の調査

　暴力の認識　夫婦間で生じた特定の行為を暴力として認識しているか否かは、家庭内暴力の早期発見による被害者の保護・支援上、重要な要素となる。自分の受けた行為を暴力として認識しない限り、被害者は保護や支援を外部に求めない。その場合、暴力行為が潜在化し、警察や公的機関による発見が

69）後藤弘子・前掲注（17）392頁。

第二節　家庭内暴力の実態

困難となり、その暴力の反復・悪化の危険もある。したがって、家庭内暴力の反復を防止し、被害者を早期に支援するためにも、「夫婦間での暴力に関する認識」の程度を検討し、暴力行為の認識を広めることが重要である。[図1-2]は、夫婦間での暴力行為の認識に関する調査結果を図で表したものである。

「夫婦間での暴力に関する認識」に関する調査は、11項目[70]の行為を挙げ、それが夫婦間[71]での暴力に当たると思うかを質問する方式で行われた。[図

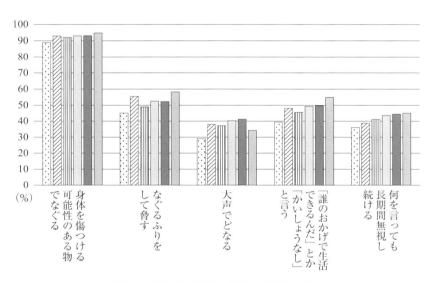

図1-2　夫婦間での行為についての暴力としての認識

---

70) この11項目は、以下のとおりである。①平手で打つ、②足で蹴る、③身体を傷つける可能性のあるものでなぐる、④なぐるふりをして脅す、⑤刃物などを突きつけて、脅す、⑥嫌がる性的行為を強要する、⑦拒否するにもかかわらず、ポルノビデオやポルノ雑誌を見せる、⑧何を言っても長期間無視し続ける、⑨交友関係や電話を細かく監視する、⑩「誰のおかげで生活できるんだ」とか、「かいしょうなし」などと言う、⑪大声でどなるである。
71) この調査における夫婦は、婚姻届を出していない事実婚や別居中の夫婦も含まれている。

第一章　家庭内暴力

1-2］は、11 項目のうち、主な 5 項目の年度別変化を描いたものである。同図によれば、身体を傷つける可能性のある物で殴るなど、重大な傷害に至る恐れがある行為は、ほぼ 9 割が暴力に当たると認識しており、時代による認識の変化も少ない。これに対し、「なぐるふりをして脅す」、「大声でどなる」、「誰のおかげで生活できるんだとか、かいしょうなしと言う」などの脅迫や精神的暴力については、最初に調査が実施された 1999 年から 2002 年の間に、暴力と認識する回答者の割合が急増した[72]。これは、2001 年 10 月 13 日施行の配偶者暴力防止法の影響によるものとも推測される。1999 年と 2014 年を比較すれば、いずれの項目も次第に増加していることが確認できる。

配偶者暴力防止法の周知　［図 1-3］は、①配偶者暴力防止法の成立、②

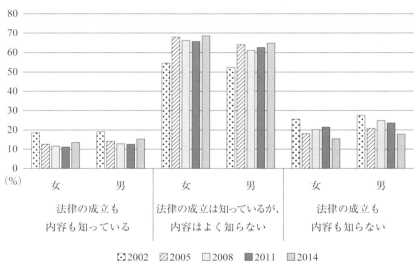

図 1-3　配偶者暴力防止法の周知度

---

72) 1999 年と 2002 年を比べると、「なぐるふりをして脅す」はほぼ 10％、「大声でどなる」はほぼ 9％、「誰のおかげで生活できるんだとか、かいしょうなしと言う」は 9％増加した。

同法の内容を知っているか否かに関する調査結果である[73]。法施行後最初に行われた 2002 年の調査では、①②ともに知っていると回答した人が平均 18.9％だったのに対して、2005 年の調査では 13.3％と、ほぼ 5％減少した。このような減少傾向は、2008 年と 2011 年においても続いており、2008 年に 12.2％、2011 年に 11.9％であった。その後、2014 年の調査では 14.4％で、前回の調査に比べ約 2.5％増加したが、同調査が最初に行われた 2002 年に比べると 4.5％減少した。①のみを知っていると回答した人は、2002 年の調査では 53.6％だったのが、2005 年には 66.2％と、ほぼ 13％増加し、現時点では、3 人に 2 人が同法の存在を知っていると考えられる。①と②のいずれも知らないと回答した人は、2002 年には 26.4％だったが、2005 年には 7％減少し、その後は徐々に増加している。

　［図 1-3］で注目すべき点は、2002 年から 2005 年にかけて、法律の存在に対する周知度が上昇したものの、その内容については周知度が上昇することはほとんどない現状である。これは看過できない問題であり、早急に周知度を引き上げる方策を講じるべきである。被害者が配偶者暴力防止法に関する情報を持つことにより、暴力に対する被害者の自発的な行動が促されるものと期待されるためである。

　また、法律の内容に関する国民の知識を高めることも重要である。韓国の家庭暴力特例法に関する統計調査によれば、「法律の内容に対して詳しく知っている」と回答した人が 2.3％、「法律の成立・内容を知っている」と回答した人が 40.1％、「法律の存在のみ知っている」と回答した人は 41％で

73）同調査の質問は以下の通りである。「あなたは、『配偶者からの暴力の防止及び被害者の保護等に関する法律（配偶者暴力防止法）』を知っていますか。あてはまる番号一つに○をつけてください（○は 1 つ）（この法律は、配偶者からの暴力（DV：ドメスティック・バイオレンス）に関する相談などの体制を整備することにより、配偶者からの暴力を防止し、被害者の保護を図るものです）」。

あった[74]。法律の存在または内容、そのいずれかを知っている人は、日本では 86.1％、韓国では 83.4％と、数値に大差はないが、法律の内容を知っていると答えた人の割合については、日本では 11.9％なのに対して、韓国では 42.4％と、韓国の方が日本より 4 倍近く高い。日本では、配偶者暴力防止法の内容について国民が容易に情報を得られるよう、広報などの方策をさらに講じる必要があると思われる。

配偶者からの暴力経験　内閣府男女共同参画局が実施した「配偶者からの被害経験に対する調査」は、結婚歴のある人に①身体的暴行、②心理的攻撃、③性的強要の三つの行動をあげ、配偶者からこれらの行動を受けたことがあるかを問うものである。①は殴る蹴る、物を投げつける、突き飛ばすことなどを、②は人格を否定するような暴言や交友関係の監視などの精神的嫌がらせ、自分もしくは自分の家族に危害が加えられるのではないかと恐怖を感じさせるような脅迫を、③は性的行為の強要を指す[75]。また、この調査は、暴力が何度もあった、1・2度あった、まったくない、の各項目から一つ選ぶ形式で行われた。［図 1-4］は、①から③について、「何度もあった」、「1・2度あった」と回答した人を暴力を経験した人として把握し、その割合を図示したものである。

2011 年の調査結果を男女別でみると、身体的暴行を受けたことがあると答えた人は、女性で 25.9％と、男性を 13％上回っている。心理的攻撃を受

---

74) この調査は 2007 年、1000 人（男性 491 人、女性 509 人）を対象にして調査した結果である。パクソンヨンほか『性暴力・家庭暴力・性売買関連法制整備方案』（韓国女性政策研究院、2007）183 頁以下。

75) 同調査の質問は、「あなたはこれまでに、あなたの配偶者から次のようなことをされたことがありますか。ここでの「配偶者」には、結婚届をだしていない事実婚や別居中の夫婦、元配偶者も含みます。以下、同様。A から C のそれぞれについて、はてはまる番号に○をつけてください。A　なぐったり、けったり、物を投げつけたり、突き飛ばしたりするなどの身体に対する暴力を受けた。B　人格を否定するような暴言や交友関係を細かく監視するなどの精神的な嫌がらせを受けた、あるいは、自分もしくは自分の家族に危険が加えられるのではないかと恐怖を感じるような脅迫を受けた。C　いやがっているのに性的な行為を強要された。」である。

第二節　家庭内暴力の実態

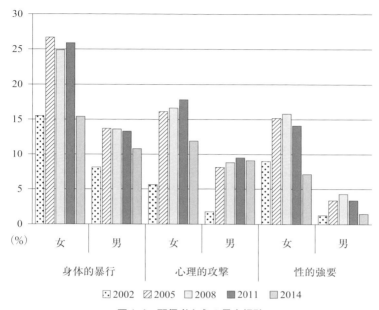

図 1-4　配偶者からの暴力経験

けたことがあると答えた人は、女性 17.8%、男性 9.5%で、女性の方が 8%高くなっている。性的強要を受けたことがあると答えた人は、女性 14.1%、男性 3.4%と、女性の方が約 4 倍高い。2002 年と 2005 年の調査結果を比較すると、配偶者から被害を受けた経験がある人の割合は女性の方が高くなっており、身体的暴行を受けた人は約 11%多くなっている。心理的攻撃の場合は、5.6%から 16.1%へと、約 3 倍高くなっており、増加が顕著である。2005 年から 2011 年までの期間では、配偶者から被害を受けたかどうかに関する調査結果に大きな変化はみられない。

　2014 年の調査結果を男女別でみると、身体的暴力を受けたことがあると答えた人は、女性で 15.4%と男性を約 4.5%上回っている。また、心理的攻撃、性的強要も女性が男性をそれぞれ 2.8%、5.6%上回っている。2014 年には、配偶者からの被害を受けた経験者の数が 2011 年に比べて全体的に減少し、そのうち、女性の被害経験の減少が著しい。具体的には、身体的暴力

31

第一章　家庭内暴力

は 25.9％から 15.4％へ、心理的攻撃は 17.8％から 11.9％へ、性的強要は 14.1％から 7.1％へ減少した。このように大幅に減少した事実は、配偶者暴力防止に関する政策がある程度効果があることを意味するが、一回の現状だけに基づいて判断することはできないため、次回の調査結果にも注目すべきである。

　また、2014 年の調査では、配偶者からの被害類型に「経済的圧迫」が追加された。同調査において、経済的圧迫は、例えば、生活費を渡さない、貯金を勝手に使われる、外で働くことを妨害されるなどが該当するとされている。経済的圧迫による被害は、女性で 7.4％、男性で 2.2％であった。全体的にみると約 5％の人が配偶者から経済的圧迫を受けたと回答した。国連の立法ハンドブックにおいても家庭内暴力の形態として経済的圧迫（経済的暴力）を含むことを勧告しており、家庭内暴力が些細な暴力から始まり、身体に傷害を負わせるような深刻な暴力に発展する恐れがあるため、軽微な暴力類型であっても家庭内暴力に含ませて、総合的に取り組むべきである。このような観点からすれば、経済的圧迫の危険性を念頭に置いて調査を実施したことは、高く評価できる。

　児童による暴力の目撃　また、2002 年と 2005 年には、配偶者間の暴力行為が児童によって目撃されたか、そのことが児童に影響を与えたかに関する調査が行われた。暴力行為の児童による目撃については、「目撃していた」と答えた人の比率が、2002 年の調査では 23.3％（女性 27.4％、男性 13.0％）、2005 年の調査では 19.6％（女性 20.2％、男性 18.1％）であった[76]。2002 年と 2005 年の調査では、配偶者間の暴力を子どもが目撃したか否かなどについての調査結果がまとまっているが、子どもによる目撃の有無以外は、その調査内容や方法が多少異なるため、一律的に状況を比較することが困難である。したがって、以下では、各々の調査結果について検討する。

　まず、2002 年の調査では、23.3％の人が暴力を子どもが目撃したと回答

76）配偶者からの暴力を受けた経験のある人を対象にして調査した結果であり、子どもがいない人も含まれている。

第二節　家庭内暴力の実態

したが、そのうち、「こどもがいない」もしくは、無回答を除いた、配偶者
や恋人からの暴力を受けていた当時子どもがいた人（303 人）に絞ってみる
と、子どもが暴力行為を目撃した人は 35.5%（女性 40.2%、男性 21.5%）
である。さらに、当時子どもがいた人のうち配偶者暴力を何度も受けた人
（93 人）についてみると、子どもが目撃していたと回答した人は 57%（女性
57.6%、男性 50.0%）で、6 割近くにのぼる。また、暴力を受けていた当時、
子どもがいた人（303 人）に、その相手が子どもに対しても同様な行為をし
たか否かを調査したところ、18.8%（女性 21.0%、男性 12.7%）があった
と該当した。さらに、何度も暴力を受けた人（93 人）に絞ってみると、ほ
ぼ 3 分の 1 にあたる 32.3%（女性 31.8%、男性 37.5%）が子どもへの暴力
行為があったと答えた。子どもへの暴力が同時に行われた場合はもちろん、
子どもが暴力を目撃したことは、子どもの正常な成長にも影響を与えるだけ
ではなく、法律もそれを児童虐待に該当すると規定しているため、暴力が発
生した家庭の子どもへの支援が強く求められる。

　2005 年の調査では子どもが暴力を目撃したと回答した人が 19.6%、目撃
していないが、音や声、様子から知っていたと答えた人が 12.5%（女性
11.7%、男性 14.3%）になっており、合わせるとほぼ 3 人に 1 人が、配偶
者間での暴力行為を子どもが知っていたと回答した計算になる。暴力行為を
目撃したことによって子どもに影響を与えたと回答した人は、67.2%（女性
66.9%、男性 67.8%）であり、7 割近くが児童の心身に影響を与えたと回答
した。

　2008 年と 2011 年においては、配偶者暴力と子どもの関係についての調査
はされなかったが、2014 年には「子どもの被害経験」が配偶者暴力の状況
ともに調査された。調査結果をみると、配偶者から被害を受けたことがあ
り、子どもがいる 472 人に子どもが配偶者から被害を受けたことがあるかを
調査し、何らかの被害経験があると回答した人は全体の 27.3%を占めた。
子どもの被害経験の内容を具体的にみると、心理的虐待（大声でどなる、無
視、存在否定、自尊心を踏みにじる行為など）が 23.1%（女性 27.4%、男
性 16.6%）と最も多く、次いで身体的虐待（なぐったり、けったり、物を

33

第一章　家庭内暴力

投げつけたり、突き飛ばしたりする）が13.8%（女性16.1%、男性10.2%）となっている。

　被害者の相談先　［図1-5］は配偶者から受けた被害の相談先に関する調査結果を図示したものである。調査は、5年以内に配偶者から何らかの被害を受けたことがある人を対象に、当該行為を誰かに打ち明けたり相談したりしたかを質問し、11の項目[77]の中から該当するものを選択するという形式で行われた（複数回答可）。［図1-5］は11項目を大きく公的機関及び医師と家族・知人とに分け、相談先の変化を表したものである。公的機関とは、配偶者暴力支援センター、警察、法務局・地方法務局、人権擁護委員、男女共同参画センター・女性センターなどを指す。家族や親族、友人・知人に相

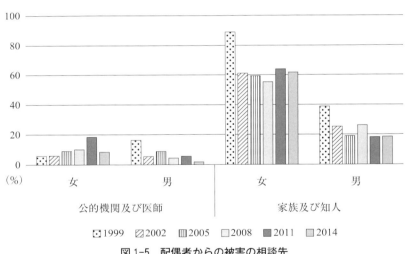

図1-5　配偶者からの被害の相談先

---

77) この調査は①友人・知人に相談した、②家族・親族に相談した、③警察に連絡・相談した、④医療関係者に相談した、⑤配偶者暴力相談支援センターに相談した、⑥民間の専門家や専門機関に相談した、⑦上記（③〜⑥）以外の公的機関に相談した、⑧男女共同参画センター又は女性センターに相談した、⑨法務局・地方法務局、人権擁護委員に相談した、⑩学校関係者に相談した、⑪どこ（だれ）にも相談しなかったの項目で行われた。

第二節　家庭内暴力の実態

談された比率は、1999年（約90％）から2002年の間で急減し、それ以外の年では増減を繰り返しているが、全体としては減少傾向にある。公的機関や医師に女性が相談する比率は、年々増加する傾向にある。1999年に5.8％だったのが、2011年には18.5％に上昇し、約3倍に増加した。しかし、2014年には8.4％であり、2011年に比べて、約10％減少した。2011年における公的機関や医師に対する相談件数の上昇は、配偶者暴力防止法が施行された成果だと考えられており、このよう状況を維持できるような方法を講じなければならないだろう。

　［図1-6］は、配偶者からの暴力についてどこ（だれ）にも相談しなかった人にその理由を調査した結果をまとめたものである。調査年度により多少の差はあるものの、相談しなかった理由のうち、「相談するほどのことではないと思ったから」が最も多く、次いで「自分にも悪いところがあると思ったから」、「自分さえ我慢すれば、何とかこのままやっていけると思ったから」、「相談しても無駄だと思ったから」などとなっている。ここで注目すべき点は、被害者の性別により、相談しなかった理由が異なることである。具体的に、男性の被害者は、自分が受けた暴力が相談するほどのことではない

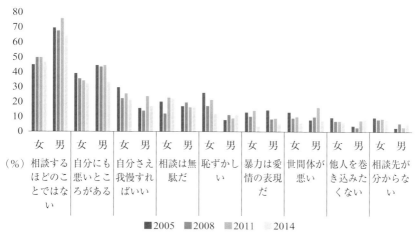

図1-6　相談しなかった理由

第一章　家庭内暴力

と思う傾向が強く、暴力を深刻な問題としてとらえていない。このように思う理由が実際に軽微な暴力に留まったためなのか、または、男性に対しては身体的暴力ではなく、精神的・心理的暴力が振るわれたためなのかについては的確な把握が必要であり、判断した理由に応じて、異なる対策を講じなければならないだろう。

　被害男性は、配偶者からの暴力について自分にも過ちがあると思う傾向があり、相談先についての知識は被害女性より高い特徴がある。一方、被害女性は、暴力について深刻に受けとめているが、家庭内暴力について相談することが恥ずかしいと思うことや自分さえ我慢すれば家庭を維持することができると思うことなどが外部に助けを求めない要因として作用した。さらに、配偶者から暴力を受けた女性が相談を望んでも、どこに相談すればいいかが分からないなど正しい情報を持っていない人も少なくなかった。これらの相談しなかった理由を分析し、その結果に基づいて相談を促進する方法を講じることは、潜在しやすい家庭内暴力を顕在化させるため効果的であろう。

　また、この調査結果は、被害者自身の配偶者暴力に対する意識（危機感）が希薄であることを表しているだろう。配偶者暴力が繰り返して行われ、エスカレートする恐れがあることを勘案すれば、配偶者暴力に対する被害者の意識を高めることが暴力を防止し、被害者を保護するために重要であることはいうまでもない。

二　児童虐待の実態

　配偶者からの暴力と異なり児童虐待については、男女間における暴力に関する調査のように総合的かつ定期的な調査は実施されていない。したがって、以下では、児童相談所、厚生労働省、警察白書などを参考しながら、児童虐待の実態を把握する。

　［図 1-7］は、10 年間の児童相談所での児童虐待相談対応件数の推移をグラフに表したものである[78]。2015 年の件数は、103,260 件（速報値）で、過去最多である。2015 年の件数は、10 年前である 2006 年の件数に比べると約

第二節　家庭内暴力の実態

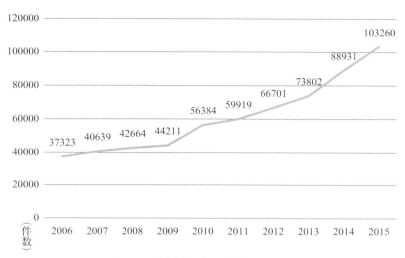

図 1-7　児童相談所での虐待相談件数

2.8 倍に増加したことが分かる。このように児童虐待は 1990 年度の調査開始以来、25 年連続で過去最大を更新しており、特に 2012 年からは相談対応件数が大幅に増加している。厚生労働省の報告によれば、主な増加原因について自治体からの聞き取り調査をしたところ、①心理的虐待が増加したとこと、②（心理的虐待が増加した要因の一つに考えられることとして）児童が同居する家庭における夫婦間の暴力がある事案（面前 DV）について、警察からの通告が増加したこと、③児童相談所全国共通ダイヤルが 3 桁（189）になったため通報しやすいことや、マスコミによる児童虐待事件の報道などにより、国民や関係機関の児童虐待に対する意識が高まったことが原因として挙げられると答えた。

［図 1-8］は、10 年間の児童虐待に係わる事件の検挙件数の推移をグラフ

78）厚生労働省「平成 28 年度全国児童福祉主管課長・児童相談所長会議」53 頁以下。相談対応件数とは、児童相談所が相談を受け、援助方針会議の結果により指導や措置等を行った件数である。

第一章　家庭内暴力

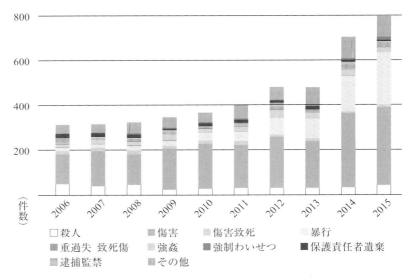

図1-8　児童虐待に係わる事件の検挙件数[79]

で表したものである。児童虐待に係わる事件のうち、身体的虐待が著しく増加したことが分かる。すなわち、傷害が2.6倍、暴行が16.8倍に増加した。

［表1-3］は、児童虐待による死亡事件件数を表したものである。全体的

表1-3　児童虐待による死亡事件

	2010.4.1～2011.3.31			2011.4.1～2012.3.31			2012.4.1～2013.3.31			2013.4.1～2014.3.31			2014.4.1～2015.3.31		
	心中以外	心中	計	心中以外	心中	計	心中以外	心中	計	心中以外	心中	計	心中以外	心中	計
件数	45	37	82	56	29	85	49	29	78	36	27	63	43	21	64
人数	51	47	98	58	41	99	51	39	90	36	33	69	44	27	71

＊厚生労働省HP参照

79）法務省『平成12年犯罪白書』～『平成28年犯罪白書』参照。

に件数は減少しているが、児童虐待によって多数の死亡事例が相次いで発生する状況は懸念されており、特に児童相談所が実際に関与しながら有効な支援ができずに死亡に至ったケースが含まれていることは深刻な問題として受け入れなければならない。

［図1-9］は、児童相談所が虐待について受理した事件を類型別に分類したものである。同図において最も目立つのは心理的虐待件数の急激な増加である。2006年には心理的虐待は全体の17.2％に過ぎなかったが、2017年には全体の47.2％、すなわち、約半分を占めている。発生件数としては、10年間で約6倍に増加した。心理的虐待が増加したことは、かつて同類型が虐待として認められることが困難であったが、現在は虐待として受け入れられていること、面前DVを児童虐待として評価することと関係があるだろう。2015年の心理的虐待のうち、児童が同居する家庭における配偶者に対する暴力を指す「面前DV」が約7割を占めている。配偶者暴力の目撃が児童に及ぼす悪影響を念頭に置き、面前DVへの対策を講じなければならない。

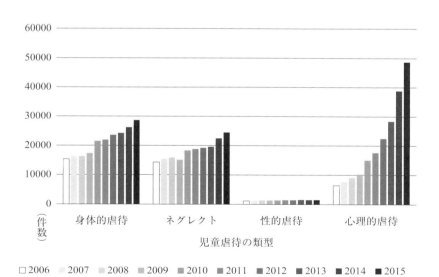

図1-9　虐待相談の種類及び推移

第一章　家庭内暴力

　また、警察が通告した件数が増加したことも注目すべきである。児童虐待又はその疑いがあるとして警察が児童相談所に通告した児童数は年々増加し、2015 年には過去最多になったと報告されている[80]。このように警察から児童相談所に通告された児童虐待に係わる事件の数が増加したことは、関係機関との連携強化および情報共有に関する政策が実現されていることを意味し、高く評価できるだろう。

　［図 1-10］は、警察により児童虐待事件として検挙された件数を態様別に分類して、図で表したものである。まず、検挙件数は、2011 年に 384 件、2012 年に 472 件、2013 年に 467 件、2014 年に 698 件であり、特に、2015 年には 785 件（検挙人員 811 人）と、統計を取り始めた 1999 年以降、過去最多となった。近年の態様別検挙件数をみると、身体的虐待が全体の 7 割以上を占めている[81]。

　［図 1-9］と［図 1-10］は、児童虐待の類型別にその推移を表した図であるが、両者は違う様相を呈している。すなわち、2015 年の時点で、児童虐待相談を受けた件数のうち、最も高い割合を占めているのは心理的虐待であり、次いで身体的虐待、ネグレクト、性的虐待の順となっている。一方、警察により検挙された児童虐待のうち、最も高い割合を占めているのが身体的

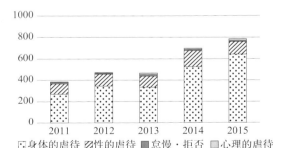

図 1-10　警察による児童虐待事件の類型別検挙数の推移

80）警察庁「平成 28 年警察白書」（2016）97 頁。
81）警察庁「平成 28 年警察白書」（2016）97 頁。

虐待であり、次いで性的虐待、心理的虐待、怠慢・拒否（ネグレクト）の順となっている。児童虐待の類型や被害の程度により相談又は通報する機関が異なる。刑法上犯罪に該当する虐待が発生した場合、例えば、殴るける、負傷をさせるなどの身体的虐待は暴行罪（刑法第 208 条）、傷害罪（同法第 204 条）が、性的嫌がらせや性的強要などの性的虐待は強制わいせつ罪（同法第 176 条）、強姦罪（同法第 177 条）などが成立する可能性があり、警察へ通報されることが多い。一方、犯罪に該当しない、比較的に軽微な虐待の場合は、緊急性がなく、警察が児童相談所、被害者支援センターなどの機関に相談することが多い。しかし、前節において検討したように、配偶者暴力・児童虐待を含む家庭内暴力は、反復的に行われ、徐々にエスカレートする傾向にあるため、軽微な暴力・虐待に留まった場合であっても、専門的な知識に基づいてその潜在する危険性を的確に把握し、再び暴力が発生することを防止するための取り組みがなされなければならない。家庭内暴力を防止するためには、さらなる暴力が発生するリスクが高いと考えられる場合に焦点を当て、積極的に支援することが求められる。この場合、暴力・虐待の類型及び程度によって支援を担当する機関が異なるため、関係機関の連携や情報共有が求められる。

　以上、公表された統計に基づいて家庭内暴力の実態を検討した。時代の変化や法律の施行によって、暴力に関する認識、被害件数、被害の相談先に変化が生じていることが明らかとなった。次に、このような家庭内暴力に関する実態の変化に対して、被害を防止し、被害者を保護・支援するための取り組みがどのように行われてきたかを検討する。

第三節　被害者に対する保護・支援制度

一　家庭内暴力への法的対応

2000 年児童虐待防止法、2001 年配偶者暴力防止法の成立を契機に、家庭

第一章　家庭内暴力

内暴力に対する本格的な取り組みが始まった。これを受けて刑事法領域においても、これらの問題について活発に議論されるようになった。両法は、家庭内暴力の被害者を保護対象としており、弱者である女性・児童の保護のための従来の取り組みが不十分であることに対する反省から議論が始まり、制定に至ったものである。特に、児童虐待については、児童を保護すべき者が自ら身を守る力のない児童を虐待した場合、たとえ、当該行為が個人的領域で発生した私的な問題であっても、強制介入を通じて積極的に対応すべきであるという世論が影響している。両法は、潜在化しやすい配偶者暴力・児童虐待を早期発見するために通報義務を規定したうえで、被害者に対する迅速かつ充実した保護・支援を実現するための国や関係機関などの関与及び強制介入について定めている。特に、配偶者暴力に比べて児童虐待の場合は、当事者の意見を尊重することよりも、事態の重大性に合わせ、必要に応じて積極的に介入する傾向にある。これは、心身が未成熟で、成長過程中にある児童の保護への必要性が成人より強く求められるためであり、被虐待児童保護のためには公的機関による介入は不可避なためである。しかし、被害者保護という目的があっても、それを達成するための手段が正統性を欠いた場合は、正当性を失うため厳格な検討が求められる。

　公的機関の私的領域への積極的な介入、すなわち、警察権力に早期・積極的介入の権限を与える警察依存の立法傾向に対して慎重な検討が必要であると主張する者もいる。例えば、小田中俊樹は同観点に基づいて以下のように述べた[82]。

　最近の刑事立法に共通するのは、ストーカー、配偶者暴力、児童虐待など一般市民間で生起する暴力的事象について被害防止、早期発見および対応、問題の解決等を目指した警察権力の早期介入に向け法制度を整備することである。その結果として、罪刑法定主義や適正手続などの憲法的近代刑事原則が後退・侵害に直面している。

82）小田中俊樹「刑事法制の変動と憲法」法律時報第 73 巻第 6 号（2001）47 頁。

第三節　被害者に対する保護・支援制度

　このように小田中俊樹は、同傾向に対して懸念を示した後、これらの行為が犯罪を構成する場合、捜査権限・刑罰権が適正に行使されるべきであるが、早期発見・処理・解決を急ぐあまり警察権力に過剰に期待し、警察権限を拡大強化することは危険であると指摘した。さらに、家族構成員、家庭、学校、地域等をはじめとして、これまで市民社会が自律・自治に秩序維持機能をゆだねてきた領域における諸問題については、ぎりぎりのところまで警察権力介入を抑止し、やむを得ずに介入する場合であっても、警察権力に裁量的・恣意的介入を許すことは、その濫用の可能性だけではなく、社会に自律的解決能力を失わせる恐れがあるため、慎重な態度が求められるとした。

　確かに、小田中の見解は「法は家庭に入らず」の原則に立脚した、説得力のある主張であろう。同原則は現在も通用しており、親族間の犯罪に関する特例の規定がその例として挙げられる。同規定は、親族間で発生した、窃盗、不動産侵奪、詐欺、背任などの犯罪がその対象になり、財産上の侵害に加えて、信頼関係の侵害もその保護法益としている。このように二重に侵害を与えるにもかかわらず、基本的に国家公権力の介入を避けて、親族間のルールによって解決するように委ねられているという事実は、小田中の見解を裏付ける根拠になるだろう。一方、これらの犯罪と異なり、家庭内暴力は、暴力行為によって発生した被害が深刻であることに加え、一定のサイクルがあり、反復することが問題になる。暴力が発生した後、加害者が謝罪・反省し、被害者が当該行為に対して措置を取らず、生活を続けることによって、被害が潜在化・反復する恐れがある。さらには以上で検討したように子育てや経済的理由などから被害者が加害者から離れることができないこともある。このように家庭内暴力に対する措置を取らず放置することによって、重大な犯罪へと発展する可能性がある。家庭内暴力の複雑なメカニズムを解明し、その結果を反映した専門的な取り組みが行われない限り、同問題を根本的に解決することは難しい。したがって、「自律に秩序維持機能を委ねてきた領域における暴力」に国家機関による介入が求められるのである。以下では、このような観点に基づいて、配偶者暴力防止法と児童虐待防止法に関して検討する。

43

第一章　家庭内暴力

（一）配偶者暴力防止法

1　立法の経緯

　1985 年 7 月、ナイロビ（ケニア）において「国連婦人の 10 年ナイロビ世界会議」が開催され、157 カ国 37 機関が参加した。同会議では、2000 年に向けて各国等が実状に応じて効果的措置をとるうえでガイドラインとなる、「婦人の地位向上のためのナイロビ将来戦略」を採用した。同会議以降、女性に対する暴力の問題が国際的に重要な課題として取り上げられるようになった。特に 2000 年 6 月にニューヨークで行われた「女性 2000 年会議」では、各国がとるべき行動として、夫やパートナーからの暴力であるドメスティック・バイオレンスに対処するための法的措置が求められた。

　日本では、このような国際的動向を受けて男女共同参画推進本部が、1996 年 12 月 13 日、「男女共同参画 2000 年プラン―男女共同参画社会の形成の推進に関する平成 12 年（2000 年）度までの国内行動計画」を決定し、同日の閣議で報告、了承された。同プランにおいて、女性に対するあらゆる暴力の根絶が女性の人権を推進・擁護する社会形成のため不可欠であると指摘し、女性に対する暴力を人権問題として位置づけた[83]。

　また、1998 年 8 月に設置された参議院共生社会に関する調査会では「男女等共生社会の構築に向けて」を当面の調査テーマと定め、女性に対する暴力についての調査を進めた。1999 年 6 月の中間報告においては、女性に対する暴力について提言を行うとともにその法的対応策について今後の検討課題とした。その後、2000 年 4 月には理事会の下に「女性に対する暴力に関するプロジェクトチーム」を設置し、立法化に向けた会議が重ねられた。その結果、配偶者からの暴力の防止及び被害者の保護に関する法律案を取りまとめ、2001 年 4 月 2 日、参議院共生社会に関する調査会において同調査会提出の法律案とすることが決められ、同月 4 日、参議院本会議において可決

83）内閣府男女共同参画ホームページ参照、http://www.gender.go.jp/、最終閲覧日：
　2017 年 8 月 20 日。

44

第三節　被害者に対する保護・支援制度

され、同月 6 日、参議院法務委員会における草案提案者に対する質疑等を経
て、可決され成立した[84]。

2　法律の内容及び改正

(1)法律の概要　家庭内暴力の被害者を救済する法律として成立した配偶者
暴力防止法は、主に、被害者を保護する配偶者暴力相談支援センターの機能、
配偶者間暴力の発見者による通報などの制度や各機関の役割、接近禁止命令
と退去命令とを含む保護命令制度について定めている。具体的な内容は以下
の通りである。

①配偶者からの暴力について「配偶者（結婚の届をしていないが、事実上
の結婚関係と同様の事情にある者を含む）からの身体に対する不法な攻撃で
あって生命又は身体に危険を及ぼすもの」であると定義したうえで、被害者
の定義について「配偶者からの暴力を受けた者であり、暴力を受けた後婚姻
を解消した者であって、当該配偶者であった者から引き続き生命又は身体に
危害を受けるおそれがある者も含む」ものとした（同法第 1 条）。

②国及び地方公共団体は、配偶者からの暴力を防止し、被害者を保護する
責務を有すると明記した（同法第 2 条）。

③都道府県は、婦人相談所その他の適切な施設について、当該各施設が配
偶者暴力相談支援センターとしての機能を果たすようにした。また、配偶者
暴力相談支援センターの役割について以下のように定めた。第一に、被害者
に関する各般の問題について相談に応ずること、又は婦人相談員若しくは相
談を行う機関を紹介すること、第二に、被害者の心身の健康を回復させるた
め、医学的又は心理学的な指導その他の必要な指導を行うこと、第三に、被

84）立法背景および過程については、寺山洋一「『配偶者からの暴力の防止及び被害
　者の保護に関する法律の一部を改正する法律』の概要」法律のひろば第 54 巻第 9
　号（2001）、岩井美奈「『配偶者からの暴力の防止及び被害者の保護に関する法律』」
　捜査研究 598 号（2001）、有馬健二「配偶者からの暴力への適切な対応」捜査研究
　600 号（2002）、岩井宜子「『配偶者からの暴力の防止及び被害者の保護に関する法
　律』の改正」現代刑事法 67 号（2004）、参議院ホームページなど参照。

第一章　家庭内暴力

害者及びその同伴する家族の一時保護を行うこと、第四に、被害者が自立し
て生活することを促進するための情報を提供するなどの援助をすること、第
五に、被害者を居住させ保護する施設（シェルター）の利用について情報を
提供する等の援助をすることである（同法第3条）。以上の配偶者暴力相談
支援センターの支援を受けるか否かは、被害者の判断にゆだねられているた
め、同センターは必要に応じて、被害者に対し、その業務の内容について説
明及び助言を行うとともに、必要な保護を受けることを勧奨するものとした
（同法第7条）。さらに、婦人相談員は、被害者の相談に応じ、必要な指導を
行うことができ（同法第4条）、都道府県は、婦人保護施設において被害者
の保護を行うことができるとした（同法第5条）。なお、都道府県は、婦人
相談所の一時保護及び運営に要する費用、婦人相談員が行う業務に要する費
用等を支弁し、その一部については国が負担又は支弁するとした（同法第
27条・第28条）。

　④潜在化しやすく、反復して行われる配偶者暴力を顕在化し、早い段階か
ら介入することにより暴力が再発することを防ぐため、配偶者からの暴力を
受けている者を発見した者は、配偶者暴力相談支援センター又は警察に通報
するように努めなければならないとした。また、医師その他の医療関係者に
対しては、その業務を行うに当たり、配偶者から暴力によって負傷し又は疾
病にかかったと認められるものを発見したときは、当事者の意思を尊重し、
その事実を配偶者暴力相談支援センター又は警察に通報することができると
した。医師その他の医療関係者は、通報したことにより、刑法の秘密漏示罪
の規定その他の守秘義務に関する法律の規定により処罰されない。さらに、
医師その他の医療関係者は、その業務を行うに当たり、配偶者からの暴力に
よって負傷し又は疾病にかかったと認められる者を発見したときは、暴力を
受けた者を保護するため、配偶者暴力相談支援センター、婦人相談員、相談
を行う機関などの利用について情報を提供するように努めるものとした（同
法第6条）。

　⑤警察官は、通報等により配偶者からの暴力が行われていると認めるとき
は、警察法、警察官職務執行法、その他の法令の定めるところにより、暴力

の制止、被害者の保護その他の配偶者暴力による被害の発生を防ぐため、必要な措置を講ずるように努力しなければならないとした（同法第8条）。

⑥配偶者暴力相談支援センター、都道府県警察、社会福祉法に定める福祉に関する事務所等の関係機関は、被害者の保護に関する業務を行うに当たって、その適切な保護が行われるように相互連携を図りながら協力するように努めるものとした（同法第9条）。

⑦配偶者暴力の被害者が更なる暴力によりその生命又は身体に重大な危害を受ける恐れが大きいときに、裁判所が被害者からの申立てにより、その生命又は身体に危害が加えられることを防ぐため、当該配偶者に対して6月間被害者へのつきまとい及びはいかいをしてはいけないことを命じ、又は2週間その住居からの退去を命じ、これらの命令に違反した場合、刑罰を科すとした（同法第10条〜第19条）。

⑧配偶者暴力及びその被害者保護等に係わる者は、その職務を行うに当たり、被害者の心身の状況、その置かれている環境等を踏まえ、被害者の人権を尊重するとともに、その安全の確保及び秘密の保持に十分な配慮をしなければならない。さらに、国及び地方公共団体は、配偶者暴力に関する職務を行う者の被害者に対する理解を深めるために必要な研修及び啓発を行うものとした（同法第13条）。また、国及び地方公共団体は、配偶者暴力の防止に関する国民の理解を深めるために教育及び啓発に努めるものとした（同法第14条）。

⑨配偶者暴力の状況について的確に把握することにより、配偶者暴力の防止及び被害者の保護に資するため、国及び地方公共団体は、加害者の更生のための指導の方法、被害者の心身の健康を回復させるための方法等に関する調査研究の推進並びに被害者の保護に関する人材の養成及び資質の向上に努めるものとした（同法第15条）。

配偶者暴力防止法の制定は、配偶者暴力の定義、国及び地方公共団体が同行為の発生を防止しその被害者を保護する責務を有することについて明記し、配偶者暴力が私的な問題ではなく、公的機関の介入が求められる深刻な問題であることを国民に正しく認識させ、被害者保護に資すると評価できる。

第一章　家庭内暴力

（2）2004年の配偶者暴力防止法（第1次改正）　2001年に成立した配偶者暴力防止法は、その附則に「この法律の規定については、この法律の施行後三年を目途として、この法律の施行状況等を勘案し、検討が加えられ、その結果に基づいて必要な措置が講ぜられるものとする（同法附則第3条）」と規定されている。それで、2003年2月12日、配偶者暴力防止法の見直しについて検討するため、参議院共生社会に関する調査会理事会の下に「配偶者からの暴力の防止及び被害者の保護に関する法律の見直しに関するプロジェクトチーム」が設置された。プロジェクトチームは、同法の改正について検討するために、学識経験者、有職者、政府関係者等からヒアリング調査やメンバー間での議論を重ね、2004年3月12日、改正法草案を取りまとめた。同草案は、同月25日、参議院共生社会に関する調査会において、同調査会提出の法律案として提出することが決められ、同法律案は、同月26日の参議院補会議において可決、参議院に送付された。参議院において、同年5月26日の法務委員会、翌27日の本会議で各々可決され、同年6月2日に公布された。こうして成立した法において主に改正された内容は、以下の通りである[85]。

　①配偶者からの暴力の定義が拡大された。改正前の法律によれば、配偶者からの暴力は、身体に対する不法な攻撃であって、生命又は身体に危害を及ぼすものであると規定されており、身体に対する暴力だけに限定していた[86]。すなわち、身体に対する不法な攻撃であること、生命又は身体に危害

---

85) 配偶者暴力防止法の改正については、小沼敦「配偶者からの暴力の防止及び被害者の保護に関する法律の一部を改正する法律」ジュリスト1274号（2004）、廣瀬孝／井出弘隆「配偶者暴力に関する保護命令手続規則の一部を改正する規則の概要」判例タイムズ1157号（2004）、内閣府男女共同参画局推進課「配偶者からの暴力の防止及び被害者の保護に関する法律の一部を改正する法律の改正の概要と関連施策の現状」法律のひろば第61券第6号（2008）、筒井隆志「配偶者暴力防止法の今後—制定後10年目を迎えて」立法と捜査310号（2010）など参照。

86) 配偶者暴力相談支援センターに関する規定においては、身体に対する暴力だけではなく、心身に有害な影響を及ぼす言動も含まれており、いわゆる、精神的暴力・性的暴力などもその対象となる。

第三節　被害者に対する保護・支援制度

を及ぼしたことの二つのハードルをクリアしなければ、配偶者からの暴力として評価されなかった。改正法では、同暴力の定義について、「配偶者からの身体に対する暴力（身体に対する不法な攻撃であって生命又は身体に危害を及ぼすもの）又はこれに準ずる心身に有害な影響を及ぼす言動」としたうえで、配偶者からの身体に対する暴力などを受けた後に、その者が離婚をし、又はその婚姻が取り消された場合については、当該配偶者であった者から引き続き受ける身体に対する暴力を含むものとした（同法第1条）。ただし、本改正においても、配偶者暴力の発見者による通報、保護命令、警察による援助などの対象となる暴力については、被害者が「その生命又は身体に重大な危害を受ける恐れが大きい」暴力とし、身体的な暴力に限定している[87]。

　②改正前の法律は、保護命令の対象範囲が狭く、その要件も厳しかったが、改正によって適用条件が緩和された[88]。具体的には、元配偶者に対する保護命令が可能になった。改正前の法律によれば、元配偶者に対して保護命令を発することは認められなかったが、改正法によれば、被害者が離婚し、または婚姻が取り消された場合（同法第10条1項）にも保護命令を求めることができるようになった。さらに、被害者と同居する子どもに対する接近禁止命令（同法第10条3項）が新設されたほか、退去命令の期間も2週間から2ヵ月に伸ばすことと再度退去命令を発することが可能となった。実際に、配偶者からの身体的暴力により離婚した場合、その直後の時期が一連の身体に対する暴力の危険が最も高まっている時期であると言われている[89]。さらに、元配偶者が復縁のため子どもに接近し、又は連れ去ることを防ぐために、保護命令の対象を拡大したことは被害者の保護のために有効であると評価できる。

87）法務総合研究所「研究部報告―配偶者暴力及び児童虐待に関する総合的な研究」（2008）9頁以下。

88）配偶者暴力防止法附則（平成13年）第3条に定められた3年を目途とした見直し規定に基づき、改正法が平成16年6月2日に公布され、同年12月2日に施行された。

89）小沼敦・前掲注（85）20頁。

49

第一章　家庭内暴力

③改正前の法律では、都道府県が設置する婦人相談所などにおいて配偶者暴力相談支援センターの機能を果たすことができたが、より身近な施設の存在が求められてきた。それで、改正法では、市町村が設置する適切な施設において、当該各施設が配偶者暴力相談支援センターとしての機能を果たすことができるようにした（同法第3条第2項）。

④国及び地方公共団体は、配偶者からの暴力を防止するとともに、被害者の自立を支援することを含め、その適切な保護を図る責務を有するとした。改正前の法律においても、被害者の自立支援は被害者の保護の内容の一つとしてとらえられていたが、その重要性がさらに強調され、国及び地方公共団体の責務の一部として明記された（同法第2条）。そのほか、配偶者暴力相談支援センター、福祉事務所による自立支援についても規定された。

⑤改正前にも警察官が暴力制止及び被害者保護等のために必要な措置を講ずることは認められていた。しかし、本改正を通じて追加的に、警視総監若しくは道府県警察本部長又は警察署が、配偶者からの暴力を受けている者から配偶者からの暴力による被害を自ら防止するための援助を受けたい旨の申出があり、その申出を相当と認めるとき、当該配偶者からの暴力を受けている者に対し、国家公安委員会規則で定めるところにより、当該被害を自ら防止するための措置の教示その他配偶者からの暴力による被害の発生を防止するために必要な援助を行うことができるようになった（同法第8条の2）。同規定を新設した趣旨は以下の通りである。配偶者暴力による被害を防止するためには、被害者が自衛策や対応策を取るように指導する必要がある。被害者が警察に通報し、警察による助けを求めることも重要であるが、緊急時、すなわち、警察が現場に出頭しても間に合わない場合は、被害者が自ら措置を取らなければならないのである。したがって、このような指導は緊急時、被害者保護に役立つと思われる。

同改正により、保護命令の対象の拡大、退去命令の期間の延長と再度の申立ての認定及び被害者自立のための支援などが可能になったことは画期的であるといえる。しかしながら、残されている課題を解決するために、更なる改正を求める声が高まり、2007 年に第 2 次改正が行われた。

(3) 2007 年の配偶者暴力防止法（第 2 次改正） 第 2 次改正の根拠となったの
は、第 1 次改正法附則第 3 条の規定であった。すなわち、同条では、「この
法律の規定については、この法律の施行後 3 年を目途として、この法律の施
行状況などを勘案し、検討が加えられ、その結果に基づいて必要な措置が講
ぜられる」と規定されている。同条に基づいて、2007 年の改正を念頭に置
いた活動が行われた。しかし、当時、制定時及び第 1 次改正時に主導的な役
割をした参議院共生社会に関する調査会が存在しなかったため、内閣府男女
共同参画会議の女性に対する暴力に関する専門調査会による DV 防止法改正
の提言を受けて当時の与党プロジェクトチームが改正要綱案を取りまとめ
た。第 2 次改正案は、2007 年 6 月 19 日参議院法務委員会で草案の趣旨説明
が行われた後、全会一致で委員会提出法律案と決定され、翌 20 日参議院本
会議において全会一致で可決された。その後、7 月 4 日同委員会で趣旨説明、
質疑、採決を行い、全会一致で可決され、翌 5 日衆議院本会議において全会
一致をもって可決、成立した[90]。

　同改正は、条文が大幅に追加された第 1 次改正と異なり、保護命令が禁止
する事項を具体的に 8 項目にわたって列挙する等、記述的な改正にとどまっ
ている。その中でも、改正法が配偶者暴力防止及び被害者の保護のための施
策を更に推進するため、市町村の役割に関する内容を盛り込んだ点は特徴的
である。具体的な内容は以下の通りである。

　①市町村が、当該市町村における配偶者暴力の防止及び被害者保護のため
の施策の実施に関する基本的な計画を定めることを努力義務化した（同法第
2 条の 3）。さらに、当該市町村が設置する適切な施設において、当該各施設
が配偶者暴力相談支援センターとしての機能を果たすようにすることも努力
義務化した（同法第 3 条第 2 項）。

　②保護命令の対象になる被害者について、既存の「配偶者からの身体に対
する暴力を受けた者」に「生命などに対する脅迫（被害者の生命又は身体に
対し害を加える旨を告知する脅迫をいう）を受けた者」を加えた。さらに、

90）筒井隆志・前掲注（85）81 頁。

第一章　家庭内暴力

親族などに対する接近禁止命令が創設されたほか、無言電話や連続して電話をかけ、電子メールを送信することについての禁止命令が、新たに定められた（同法第 10 条）。

　③保護命令が発せられた場合において、申立人が配偶者暴力相談支援センターに相談し又は援助若しくは保護を求めた事実がある場合、裁判所はその旨を当該センターの長に通知することとなった。

　(4)2013 年の配偶者暴力防止法（第 3 次改正）　2007 年改正法の附則には、3 年後の見直し規定が削除されており、2010 年に再度の改正の動きが一部あったものの、改正の実現には至らなかった。しかし、近年、長崎県西海市ストーカー殺人事件[91]、逗子市ストーカー殺人事件[92]のように交際相手からの暴力が社会的に問題になっており、被害者だけではなくその親族が交際相手によって殺害される事件が発生した。特に、同居している場合は、ストーカー行為等の規制などに関する法律による禁止命令の適用が難しいとされていた。日本の法律上、交際相手からの暴力が発生した場合、その被害者に対する迅速・適切な救済を図ることが難しいのが実情となっており、被害者の救済・保護を求める声が高まった。そこで、このような課題を解決するため、配偶者暴力防止法の適用対象の拡大が必要とされた。

　2013 年 6 月 26 日、改正配偶者暴力防止法が議員立法により可決成立し、7 月 3 日に公布された。同法の改正案を提出した理由は「配偶者以外の交際相手からの暴力への対処及びその被害者の保護の在り方が課題となっている

91）2011 年 12 月 16 日長崎県西海市で発生したストーカー殺人事件は、同居中の男性から日常的に暴力を加えられた女性を父親及び姉が救出し、男性から引き離したところ、男性が女性のマンション付近を徘徊したり、女性の姉や友人に脅迫のメールを送信する等のストーカー行為を繰り返したが、警察はストーカー規制法による警告・逮捕などの措置を取らず、放置し、男性が女性の実家に押しかけ、女性の母と祖母を殺害した事件である。

92）同事件は、2012 年 11 月 6 日、神奈川県逗子市において、元交際男性が被害女性に対して当時規制の対象とされていなかった電子メールを送信した後、被害者を殺害した事件である。

状況に鑑み、その解決に資する観点から、保護命令制度その他の施策の対象を拡大し、生活の本拠を共にする交際相手からの暴力の防止及びその被害者の保護のための施策を講ずる必要がある」とされている[93]。同法は 2014 年 1 月に施行され、改正の内容は以下通りである。

　①改正前の配偶者暴力防止法の規制対象は、事実婚を含む配偶者と元配偶者に限定していたが、改正により「生活の本拠を共にする交際をする関係にある相手からの暴力」について同法を準用する旨を規定した（同法第 28 条の 2）。

　②規制対象を拡大することに伴い、法律の題名が「配偶者からの暴力及び被害者の保護に関する法律」から「配偶者からの暴力及び被害者の保護等に関する法律」に改められた。

　改正法はいわゆる「デート DV」と呼ばれる交際相手からの暴力がエスカレートし、被害者やその家族が襲われる事件が後を絶たないため、同法の適用対象を拡大したものである。交際相手からの暴力について、ストーカー規制法に委ねるだけではなく、より包括的な法律である配偶者暴力防止法によって被害者を救済することができるようになったという点に意味がある。同改正により、生活の本拠をともにする交際をする関係にある相手からの暴力を受けた被害者に対する相談、援助、保護に加え、重大な危険が加えられる恐れがある場合には保護命令の発令が可能となり、被害者の救済を迅速に図ることができるようになった。

　このように、同法は、三度の改正を経て、保護命令の対象を次第に拡大し、被害者保護・支援のための制度を強化してきたといえる。

（二）児童虐待防止法

1　立法の経緯

　児童の虐待防止に関する最初の立法は、1933 年に制定された「児童虐待

93）参議院法制局ホームページ参照、http://houseikyoku.sangiin.go.jp/、最終閲覧日：2017 年 8 月 15 日。

防止法（昭和 8 年（1933）法律第 40 号、以下「旧児童虐待防止法」と表記する）」である。同法では、その対象を 14 歳未満の児童と定めたうえ、その児童を保護すべき責任者が児童を虐待し、又はその監護を怠り、よって刑罰法令に触れ、または触れる恐れがある場合には、地方長官はその保護責任者に訓戒処分、条件付監護の命令を出し、また、児童を収容保護することについて規定がなされていた。旧児童虐待防止法は、現在の児童虐待防止法と異なるものであるが、児童を搾取する行為を禁止し、親権者が児童虐待するときは、その意思に反しても児童を保護しうるとしたことは、その後、制定された諸法律に受け継がれることとなる[94]。

　戦後、少年教護法・児童虐待防止法を吸収して、児童の福祉に関する総合的法律である「児童福祉法（昭和 22（1957）年法律第 164 号）」が成立された。日本の児童虐待対策は、長らく児童福祉法によって行われてきた。同法によれば、都道府県の設置する児童相談所が児童虐待について相談、指導、保護などを担うものとされた。また、被虐待児童に対する保護措置が親の意思に反する場合には家庭裁判所の承認を得なければならないと規定されている（同法第 28 条）。同法による児童虐待防止及び被虐待児童の保護は、原則的に行政が中心的な役割を担い、必要に応じて例外的に司法の援助を受けることになる。

　しかし、1990 年代に入ると、児童虐待に対する社会的関心が高まり、児童保護に係わる様々な民間団体が設立された。そこで、厚生省は、児童虐待相談に関する調査を行ったが、その過程において、保護者との協調的な援助関係を前提とする児童福祉法で、虐待事件に強権的介入を行うことの困難さが明らかになった。また、児童虐待を児童福祉法に基づいて取り組むことの限界が指摘された。同法は、14 歳に満たない者を対象にしており、被虐待児童に限定していなかったため、抽象的な規定にとどまっており、このような限界が訪れたのは当然の結果だったと思われる。さらに、1994 年の子どもの権利条約の批准により、児童虐待問題に関する立法的措置が国際的にも

94）佐藤進ほか『実務注釈児童福祉法』（信山社、1988）260 頁以下。

求められるようになった[95]。児童福祉法は 1997 年 6 月、大幅に改正されたが、虐待に特化した改正は行われなかった。

1998 年 6 月、日本政府は、国連の子ども権利委員会から児童虐待の調査、加害者への制裁、被虐待児の早期発見と保護などが不十分だと指摘され、適切な対策を取るように勧告を受けた[96]。このような背景および限界から児童虐待防止法は、2000 年 5 月 17 日に参議院本会議で可決・成立し、同月 24 日に公布、同年 11 月 20 日に施行された[97]。

2　法律の内容及び改正

児童虐待防止法は制定以降、児童虐待の防止を目的とした施策を徐々に強化する方向で複数の改正が行われている。以下では、制定時の同法から大幅の改正が行われた年度の法律及びその改正内容を中心に検討する。

(1) 2000 年の児童虐待防止法　児童虐待防止法は、児童虐待の定義及び児童虐待の影響を明記した上、その禁止を規定し、さらに、虐待を防止するための施策を促進することを目的に盛り込んだことにより、児童保護の強化を図った。しかし、福祉的アプローチを注視する基本的な理念は変えていない。同法の具体的な内容は、以下の通りである。

①児童虐待の影響について、子どもの心身の成長、人格の形成に重大な影

---

95)　子どもの権利条約第 19 条第 1 項　締約国は、児童が父母、法定保護者又は児童を監護する他の者による監護を受けている間において、あらゆる形態の身体的若しくは精神的な暴力、傷害若しくは虐待、放置若しくは怠慢な取扱い、不当な取扱い又は搾取（性的虐待を含む。）からその児童を保護するためすべての適当な立法上、行政上、社会上及び教育上の措置をとる。

96)　町野朔/岩瀬徹『児童虐待の防止—児童と家庭、児童相談所と家庭裁判所』（有斐閣、2012）7 頁。

97)　児童虐待防止法は、「施策の推進を目的とする」法律であり、具体的な制度や仕組みを新たに作ることを主たる目的とはしていない。その内容も、虐待の予防や発見、早期介入を主眼にしており、虐待家族への援助、虐待児童の治療などを含む総合的な法律とはなっていない。吉田恒雄『児童虐待防止法制度—改正の課題と方向性』（尚学社、2003）4 頁。

第一章　家庭内暴力

響を与えることを明記した（同条第 1 条）。

　②児童虐待について、保護者がその監護する児童に対して身体的虐待、性的虐待、ネグレクト、心理的虐待を行うことと定義した上（同条第 2 条）、「何人も児童に対して、虐待をしてはならない（同条第 3 条）」と明記したが、罰則については規定しなかった。

　③国及び地方公共団体の責務として、児童虐待防止のために必要な体制の整備に努めること、連携の必要性などについて規定した（同条第 4 条）。

　④学校の教職員、児童福祉施設の職員、医師、弁護士その他児童の福祉に職務上関係のある者や児童虐待を発見しやすい立場にいる専門職の者に早期発見義務があることを規定し（同条第 5 条）、通告について免責規定を設けた（同条第 6 条第 2 項）。しかし、義務を果たさなかった場合の罰則については規定しなかった。

　⑤通告や送致があった場合、児童相談所長は、速やかに、当該児童の安全を確認するように努めるとともに、必要に応じて一時保護を行うこと（同条第 8 条）、児童虐待が発生する恐れがあるとき、都道府県知事が児童の福祉に係わる事務を担う者又は児童委員に、身分を証明する証票を携帯して、児童の住所又は居所への立ち入り調査を行うことができることを規定した（同条第 9 条）。

　⑥児童の安全確認、一時保護、立ち入り調査の際、必要があると認められるときは、警察官の援助を求めることができるとする規定が置かれた（同条第 10 条）。

　同法においてこのような規定を設けることにより、児童虐待の早期発見・早期介入を可能にする制度が揃えられたと評価できる。しかし、厚生省がすでに発表していた通知の内容をそのまま条文化したに過ぎなかったことや[98]、親権の見直しや懲戒権規定の廃止など、親子関係の根底にかかわる民法の規定が手付かずに終わったこと[99]、立ち入り調査に関する制度整備が不

98）後藤弘子「児童虐待防止法の成立とその課題」現代刑事法第 2 巻 10 号（2000）51 頁。

十分だったこと[100]等に対しては、批判がなされた。

　(2) 2004 年の児童虐待防止法改正　児童虐待防止法は、施行から 3 年後の 2004 年に同法附則第 2 条[101]に基づいて改正された。同法の施行後も虐待による死亡事件が続き、さらなる対策が求められていたことも改正のきっかけとなった。特に、2004 年 1 月の報道により明らかにされた中学生のネグレクト事件（いわゆる岸和田事件[102]）は、ネグレクト事件の対応、とくに学校・教育委員会と児童相談所との連携のあり方や強制立入制度の要否について大きな議論を巻き起こした。同事件では、被虐待児童が通った学校が虐待を疑い、家庭訪問をしたが、本人に会うことができなかった。そこで、学校は児童相談所に 2 度にわたって連絡したが、児童相談所はそれを通告と受け取らなかったため、本人の安全確認を行わなかった。当時、児童虐待防止法第 8 条には、「児童相談所の安全確認義務」が明記されていたが、児童相談所が他機関からの連絡を通告と認識していない場合は、何の措置も取られないことが明らかになった。さらには、児童相談所が安全確認を行っていたとしても、親が立ち入りを拒否した場合の対応方法も問題となった[103]。また、学校における不登校問題とも関連するという観点からも、社会的な関心が高まり、国会における児童虐待防止法改正に大きな影響を及ぼした[104]。このよ

99）後藤弘子「児童虐待防止法の改正とその問題点」現代刑事法第 6 巻第 9 号（2004）54-55 頁。

100）町野朔/岩瀬徹・前掲注（96）11 頁。

101）2000 年に制定された「児童虐待防止法」附則第 2 条に「この法律の執行後 3 年を目途として、この法律の執行状況などを勘案し、検討が加えられ、その結果に基づいて必要な措置が講ぜられるものとる」と定めた。

102）同事件は、大阪府岸和田市で中学 3 年生の長男が、父親と父親の内縁の妻によって、1 年近くにわたって暴行や食事を与えないなどの虐待を加えられたとして父親らが殺人未遂容疑で逮捕された事件である。

103）後藤弘子・前掲注（99）56 頁。

104）保坂亨ほか「平成 18・19 年度研究報告書虐待の援助法に関する文献研究（第 4 報：2000 年代）児童虐待に関する法制度および法学文献資料の研究第 3 期（2000 年 6 月から 2004 年 4 月まで）、子どもの虹情報研修センター（2009）3 頁。

うな背景に基づいて、同法と共に児童福祉法の改正も行われ、児童虐待防止体制の強化が一層図られた。こうして成立した改正法の主な内容は以下の通りである。

①児童虐待が児童の人権を著しく侵害する行為であり、児童虐待が子どもの心身の成長及び人格の形成に重大な影響を及ぼすとともに、我が国における将来の世代の育成にも懸念を及ぼすことが明示された（同法第1条）。

②児童虐待の定義に「保護者以外の同居人による児童への身体的・性的・精神的虐待を保護者が放置すること」を保護者によるネグレクトとして、さらに「児童が同居する家庭における、配偶者に対する暴力、すなわち、児童に配偶者暴力を目撃させること」を追加し、児童虐待の範囲を拡大した（同法第2条）。

③改正前は、児童に接する機会がある者や児童虐待を発見しやすい立場にいる者が早期発見の義務を有するとされていた。しかし、同義務が個人に課されていたため、所属する団体の支援を得られない場合があった。そこで、同改正では、学校、児童福祉施設、病院その他児童の福祉に業務上関係のある団体に対しても早期発見の義務が果たされた。通告の対象について「児童虐待を受けた児童」から「児童虐待を受けたと思われる児童」に変更させ、通告しなければならない対象の範囲が拡大された（同法第6条）。

④通告を受けた関係者（市町村又は都道府県の設置する福祉事務所など）に、当該児童との面会その他の手段により当該児童の安全確認を速やかに行うように努力することを規定した（同法第8条）。

⑤児童相談所長又は都道府県知事に対し、児童の安全の確認及び安全の確保に万全を期する観点から、必要に応じ適切に警察署長に対し援助を求める義務が追加された。援助の求めを受けた際、警察署長は、児童の生命または身体の安全を確認し、又は確保するために必要と認めるときは、速やかに、所属の警察官に職務の執行を援助するために必要な警察官職務執行法その他の法令が定める措置を講じよう努めなければならない（同法第10条）。

以上の改正が行われたにもかかわらず、警察官の立ち入り権限を認める規定を見送ったことや、親が立入りを拒否した場合の対応方法が明らかではな

第三節　被害者に対する保護・支援制度

いことなど、早期発見から保護までの過程における見直しが不十分である点が批判された[105]。

(3)2007年の児童虐待防止法改正　2007年児童虐待防止法改正は、2004年改正で残された課題の検討を中心に行われており、改正の根拠となったのが同法附則第2条[106]である。改正法は「児童の権利利益の擁護に資すること」を同法の目的として明記したうえで、児童の安全確保などのための立入調査などの強化、保護者に対する面接・通信などの制限の強化、資料又は情報の提供、保護者が指導に従わない場合の措置の明確化などについて規定した。具体的な内容は以下の通りである。

①児童の安全確認等のために、児童虐待が行われている恐れがあると認められるとき、都道府県知事は、当該児童の保護者に対し、当該児童を同伴して出頭することを求め、児童委員又は児童の福祉に関する事務に従事する職員に必要な調査又は質問をさせることができるようになった。この場合には、その身分を証明する証票を携帯させ、関係者の請求があったときは、これを提示させなければならない。さらに、保護者が出頭の求めに応じない場合、児童委員又は児童の福祉に関する事務に従事する職員の立ち入り及び調査又は質問その他の必要な措置を講ずることができるようになった（同法第8条の2）。

②児童の安全確認等のための立ち入り調査の強化策として、児童虐待が行われている恐れがあると認めるときは、都道府県知事は、児童委員又は児童の福祉に関する事務に従事する職員に、児童の住所又は居所に立ち入りのうえで、必要な調査又は質問をさせることができる。この場合においては、その身分を証明する証票を携帯させ、関係者の請求があったときは、これを提

105）後藤弘子・前掲注（99）58頁。町野朔/岩瀬徹・前掲注（96）12-13頁。

106）附則第2条「児童虐待の防止等に関する制度に関しては、この法律の執行後3年以内に、児童の住所又は居所における児童の安全の確認又は安全の確保を実効的に行うための方策、親権の喪失などの制度のあり方その他必要な事項について、この法律による改正後の児童虐待の防止等に関する法律の執行状況などを勘案し、検討が加えられ、その結果に基づいて必要な措置が講ぜられるものとする」。

示させなければならない（同法第9条）。当該児童の保護者が出頭の求めに応じない場合において、児童虐待が行われている疑いがあるときは、当該児童の安全の確認を行い又はその安全を確保するため、児童の福祉に関する事務に従事する職員に、当該児童の住所又は居所の所在地を管轄する地方裁判所、家庭裁判所又は簡易裁判所の裁判官があらかじめ発する許可状により、当該児童の住所若しくは居所に臨検させ、または当該児童を捜索させることができるようになった（同法第9条の3）。立ち入り調査権は本改正が行われる前から存在したが、親が立ち入りを拒否した場合、職員が取ることができる手段があまりなかったが、同条が新設され、強制的な方法により、積極的に対応できるようになった。

③被虐待児童の保護・支援に資するため、刑事罰が強化された。すなわち、改正前の法律によれば、児童相談所の職務を妨害した場合、罰金刑が科せられたが、改正法では施設入所や一時保護などの措置がとられ、かつ、保護者に児童へのつきまとい・はいかい禁止命令が行われたにもかかわらずこれに違反した場合、1年以下の懲役又は100万以下の罰金に処されると規定された（同法第17条）。このように、同法の規定に違反した者に対する刑事罰が強化されることによって、児童の保護・支援のための措置の強制性を高めるだけではなく、児童相談所の職務への支援が図られたと評価できる。

(4)その後の動き　2007年児童虐待防止法の改正が行われた後も、同法は関連法の改正とともに複数回にわたって改正された。主な改正及びその内容は以下の通りである。

① 2012年「子ども・子育て支援法」及び「就学前の子どもに関する教育、保育等の総合的な提供の推進に関する法律」の改正に伴い、児童虐待を受けた児童等に対する支援を行う際、（虐待の防止に寄与するために）特別の支援を要する家庭の福祉を配慮しなければならない場合を「入所する児童を選考する場合」から「特定教育・保育施設又は特定地域型保育事業の利用について相談、助言、調整、あっせん若しくは要請を行う場合」と「児童福祉法第24条第3項の規定により調整若しくは要請を行う場合」に改正された（同法第13条の2）。

第三節　被害者に対する保護・支援制度

　② 2016 年児童福祉法の改正に伴い、児童虐待発生の疑いがある場合に、保護者が正当な理由なく関係機関の職員の立ち入り又は調査を拒み、妨げ、忌避した際に、臨検・捜索することができるようになった（第 9 条の 3）。さらに、警察署長の援助を要請できる場合を安全確認・一時保護を行おうとするときから「安全確認を行おうとするとき又は、一時保護を行おうとし、若しくは行わせようとするとき」に改正され、その範囲が拡大された（同法第 10 条）。改正前の法律では、被虐待児童に対する施設入所の措置が取られた際、保護者による再度の虐待発生の恐れがあるとき、当該児童を一時保護することができたが、同法の改正によって、施設入所以外にも適切な者に委託して保護することも可能になった（同法第 12 条の 2、3）。また、施設入所等の措置が解除されたとき、都道府県知事は、保護者に対する助言、指導および関係機関との連携を通じて当該児童の安全確認などをすることができるようになった（同法第 13 条）。児童の親権を行う者は、児童のしつけに際してその適切な行使に配慮しなければならないと規定されていたが、改正法によって、「監護及び教育に必要な範囲を超えて当該児童を懲戒してはならず、親権の適切な行使に配慮しなければならない」とされた（同法第 14 条）。最後に、同法において、児童の範囲は 18 歳未満の者であったが、児童の自立の観点から必要と認められる場合、18 歳以上の者に対する施設入所などの支援を継続できるようになった。同法によれば、まず、児童以外の満 20 歳に満たない者（以下「延長者」と表記する）に対して監護などをする者が当該延長者に虐待行為をすることを禁止したうえ、当該延長者を保護・支援することができると規定された（同法 16 条）。この規定が新設されることにより、保護対象が拡大された。

　③ 2017 年改正（施行日未確定）では、児童虐待の早期発見を努力する者に、歯科医師、保健師、助産師、看護師を追加した。また、被虐待児童との面会などの制限を命ずることができる主体に児童相談所長を追加した。

　以上、児童虐待防止の内容について検討した。近時においては、児童虐待防止法の制定、その後、数回の改正における児童虐待の定義の見直し、（児童虐待の早期発見のための）通告義務者及び通告対象の範囲拡大、市町村の

役割強化、公的機関による援助など、全体的にみると積極的な介入の観点から改正されてきた。児童虐待への対応は、発生予防や早期発見、被虐待児童の保護および自立支援など、児童に対する直接的な援助が重要であるが、それだけではなく、親子の再統合に対する支援も不可避である。すなわち、児童虐待への対応は、緊急措置だけでなく保護者の指導、家庭環境の調整などによる根本的な解決方法を講じなければならず、総合的施策として行われなければならない。その意味で、発生予防および児童の自立支援・保護者の回復支援について包括的な検討を行う段階がきていると思われる[107]。

二　家庭内暴力被害者に対する支援・保護制度

　本節では、家庭内暴力被害者への総合的な支援制度について概観しつつ、配偶者暴力防止法・児童虐待防止法（必要に応じて児童福祉法）を中心に配偶者暴力・児童虐待の被害者の支援制度について検討する。

(一) 暴力の予防および早期発見

　家庭内暴力は、家庭という外から見えにくく、介入しづらい特別な場所で発生するために、犯罪が顕在化しにくい。暴力が一定の身分関係の間で生じるために、被害者もそれを犯罪として認識しにくいという特徴がある[108]。家族構成員の間で発生した暴力を犯罪として認識したとしても、当該問題を家族構成員が自律的に解決することが求められるため、被害事実を外部に訴えない場合が多い。また、家庭内で暴力が発生した後も、加害者と被害者が同居を続けるため暴力が繰り返して発生したり、エスカレートする恐れもある。さらに、被害者は家庭を維持させるため、又は子育てのために暴力を我慢したり、加害者からの報復を恐れて、外部に保護を求めることを躊躇する。家庭内暴力は暴力の発端になった問題を解決しない限り、暴力が反復的に発

107）町野朔/岩瀬徹・前掲注（96）18 頁。
108）後藤弘子・前掲注（17）392 頁。

第三節　被害者に対する保護・支援制度

生する傾向にあり、このような暴力の再発を防ぐためには、専門的な知識に基づいた体系的な介入が不可欠であろう。

　家庭内暴力を防止し、被害者を保護・支援する効果的な制度を揃えていても、加害者と被害者の関係から暴力が顕在化されにくい特徴があるため、潜在化している暴力の被害者に対する支援・介入まで至らない場合が少なくない。このような状況に置かれている被害者を保護し、暴力を顕在化するために、配偶者暴力防止法第6条第1項は「配偶者からの暴力を受けているものを発見した者は、その旨を配偶者暴力センター又は警察官に通報するように努めなければならない」としている。同条第2項から第4項は、医師その他の医療関係者による被害者の意思を尊重した通報および情報提供を義務化し、当該通報が刑法第134条第1項の守秘義務違反に当たらないと定めている。

　子どもが親に暴力を振るわれた場合、自分の面倒を見ており、経済的・社会的・心理的に依存している親による暴力の事実を外部に訴えない場合が多い。もちろん、虐待された児童、あるいは虐待している親が自ら児童相談所などに相談することにより、虐待事実が明らかになることもあるが、多くの場合、親は自分の過ちを隠そうとしており、児童が自ら助けを求めることも難しい状況に置かれている。児童虐待の顕在化のため、国及び地方公共団体は、児童相談所等関係機関の職員及び学校の教職員、児童福祉施設の職員、医師、保健師、弁護士その他児童の福祉に職務上関係のある者が児童虐待を早期に発見し、その他児童虐待の防止に寄与することができるよう、研修等必要な措置を講じなければならない。さらに、これらの児童虐待を発見しやすい立場にある者は、児童虐待の早期発見に努めなければならず、被虐待児童の保護及び自立支援に関する施策に協力するよう努力しなければならない。また、児童福祉に職務上関係のない者であっても児童虐待を受けたと思われる児童を発見した場合、速やかに、この事実を市町村、福祉事務所又は児童相談所に通告しなければならない。国及び地方公共団体は、通告を促進するために児童の人権や児童虐待が児童に及ぼす影響、児童虐待に係わる通告の義務等について必要な啓発活動に努めなければならない。

　配偶者暴力と児童虐待は、家庭内暴力の類型として多くの共通点を持って

いるが、被害者と加害者の関係及び被害者の特徴により、暴力の早期発見に努める程度やその主体が異なる。配偶者暴力の場合は、多くの被害者が成人であり、自ら外部に助けを求めようと思えば可能である。内閣府男女共同参画局によれば、2016 年 11 月 1 日にして全国 271 カ所に配偶者暴力支援センターが設置されており、24 時間 365 日、電話による相談が可能である。配偶者暴力の被害者は物理的に相談できないわけではなく、諸事情を考慮し、被害者が自ら相談しないことを選択する場合が多い。このような観点から、配偶者暴力被害者を発見した者の通報は努力義務にとどまっているとみられる。また、被害者を発見しやすい立場にある医師及び医療関係者は、被害事実を発見したとき、その旨を通報することができると規定されているに過ぎず、さらに、配偶者暴力によって負傷し又は疾病にかかったと認められる場合であっても、それに関する情報提供については努力義務にとどまっている。

　一方、児童虐待の場合、児童は、親による養育に依存しているため、被虐待児童が自分の親から受けた暴力について、自ら助けを求めることが難しい状況に置かれている。さらに、親の暴力行為が発覚することによって、親に被害が及ぶ可能性があることを憂慮し、被害事実を隠匿する傾向にある。この場合、虐待事実を発見するため、最も重要な役割を担う主体は、児童と接する機会がある学校、児童福祉施設、病院などで働いている者であろう。特に学校の教職員は、常に児童に接する機会が多いため、児童虐待の早期発見のために、より深く注意を払わなければならない。また、業務内容に関わらず、虐待を受けていることが疑われる児童を発見した者は、その旨を関係機関へ通告しなければならない。虐待を疑って通告したが、実際は虐待でなかったとしても、虚偽の通告をした場合を除き責任を問われない。配偶者暴力を発見した場合その通告が努力義務にとどまっている一方で、児童虐待の場合は、通告が義務付けられている。2015 年 7 月厚生労働省は、児童虐待に係わる通告を促進するため、児童相談所全国共通ダイヤルを 10 桁（0570-064-000）から 3 桁（189）に変更した。児童相談所全国共通ダイヤルは、虐待を受けたと思われる子どもを見つけたときだけでなく子育てに悩んだとき等に、ためらわずに児童相談所に通告・相談できるよう運用している

ものであり、より覚えやすいものとするため変更した。［表1-4］で確認できるように3桁化後の2015年7月以降の入電数や児童相談所で相談などを受けた件数は、それ以前と比べ、大幅に増加した。

また、配偶者暴力防止法第24条によれば、国および地方公共団体は、配偶者からの暴力の防止に関する国民の理解を深めるための教育および啓発に努めるべきものとされている。家庭内暴力を防止するには、国民がそれを犯罪行為あるいは人権侵害として十分に理解する必要があるためである。この啓発活動は、国民各界各層を対象に行うべきであるが、その際には、①身体に対する暴力のみならず精神的暴力および性的暴力もまた家庭内暴力に当たりうること[109]、②児童がいる家庭における配偶者暴力は児童虐待にも該当

表1-4　児童相談所全国共通ダイヤルの入電数

月	総入電数	正常接続数	月	総入電数	正常接続数[*1]
＜2014年＞			8	24424	2492
7	1940	1032	9	24431	2847
8	1747	870	10	24365	2739
9	1986	1053	11	23911	2911
10	1764	889	12	26302	2527
11	1804	878	＜2016年＞		
12	1626	692	1	24514	2598
＜2015年＞			2	21124	2564
1	1340	667	3	25742	3051
2	1519	703	4[*3]	25573	4778
3	1493	658	5	22889	4660
4	1707	826	6	23474	4916
5	1950	1011			
6	2423	1254			
7[*2]	32987	4263			

＊1　話し中や児童相談所につながる前に電話を切るなどにより正常につながらなかった電話を除いた入電数
＊2　相談ダイヤル3ケタ（189）の運用開始
＊3　189の改善（ガイダンスの短縮など）

---

109) 内閣府ほか「配偶者からの暴力の防止及び被害者の保護のための施策に関する基本的な方針」（2008）19頁。

第一章　家庭内暴力

しうること、に留意すべきである。

（二）被害者の保護・支援制度

1　配偶者暴力被害者の支援制度

　配偶者暴力防止法によれば、国及び地方公共団体は、配偶者からの暴力を防止し、被害者の自立を支援することを含め、その適切な保護を図る責務を有する。具体的には、主務大臣は配偶者暴力の防止及び被害者の保護のための施策に関する基本的方針を定めなければならず、都道府県及び市町村は、同方針に即して基本的な計画を定めなければならない。また、国及び地方公共団体は、配偶者暴力相談支援センターを設置しなければならず、職務関係者に対し被害者の人権、配偶者からの暴力の特性などに関する理解を深めるために必要な研修及び啓発を行う義務がある。さらに、国及び地方公共団体は、配偶者暴力の防止に関する国民の理解を深めるために教育及び啓発に努める義務、加害者更生のための指導方法、被害者の心身の健康を回復させるための方法などに関する調査研究の推進並びに被害者の保護に係わる人材の育成及び資質の向上に努力する義務、配偶者暴力の防止に係わる活動を行う民間団体への援助、婦人相談所の運営費などに関する費用の支弁、補助などの責務がある。

2　配偶者暴力相談支援センター

　また、配偶者暴力防止法第3条第1項によれば、都道府県は、当該都道府県が設置する婦人相談所その他の適切な施設において、当該各施設が配偶者暴力相談支援センターとしての機能を果たすようにする、とされている。同法は制定当時、都道府県に配偶者暴力相談支援センターの設置及び同センターの機能をコントロールする権限が与えられたが、被害者が気軽に相談できるように、同センターの利便性を向上させ、より身近な施設として定着できるようにするため、その権限を市町村まで拡大した。具体的には、第1次改正法で、市町村は当該市町村が設置する適切な施設において配偶者暴力相談支援センターとしての機能を果たすことが可能になり、第2次改正法で、

第三節　被害者に対する保護・支援制度

それが努力義務化された。さらに、2010 年 12 月 17 日に閣議決定された第 3次男女共同参画基本計画においては、女性に対するあらゆる暴力を根絶するため、市町村における配偶者暴力相談支援センターの数を 2010 年の 21 カ所から 2015 年までに 100 カ所に増やすことが成果目標として決められた。この計画に基づき、2016 年まで市町村によって 99 カ所の同センターが設立された［図 1-11］。［表 1-5］は内閣府男女共同参画局の市町村の配偶者暴力相談支援センターの設置促進のための手引に掲載されたものである[110]。同表によると、市町村に配偶者暴力相談支援センターを設置した場合、被害者の立場に立った切れ目のない支援のためには、都道府県と市町村の緊密な連携が不可欠であり、都道府県は、一時保護等の実施、市町村への支援、職務関係者の研修等の広域的な施策等、被害者の支援における中核としての役割を果たしている。市町村は、身近な行政主体の窓口として、相談窓口の設置、

110）配偶者からの暴力の防止及び被害者の保護のための施策に関する基本方針（2008年内閣府、国家公安委員会、法務省厚生労働所告示第 1 号）第 2 の 1（1）都道府県において、支援センターとしての機能を果たしている婦人相談所は、一時保護を行うという他の支援センターにはない機能を有している。また、都道府県の支援センターは、法施行時より被害者の支援を行ってきた経験を生かし、都道府県における対策の中核として、処遇の難しい事案への対応や専門的・広域的な対応が求められる業務にも注力することが望ましい。同一都道府県内の複数の施設において、支援センターの機能を果たすこととした場合、相互に有機的に連携し、その機能を発揮する観点から、都道府県は、これらの施設の連携の中心となる施設（都道府県が設置する施設に限る。以下「中心施設」という。）を 1 カ所指定することが必要である。中心施設は、市町村の支援センターとの連携にも特に配慮することが必要である。（2）市町村の支援センターは、被害者にとって最も身近な行政主体における支援の窓口であり、その性格に即した基本的な役割について、中心的な業務として特に積極的に取り組むことが望ましい。具体的には、相談窓口を設け、配偶者からの暴力を受けた被害者に対し、その支援に関する基本的な情報を提供すること、一時保護等の後、地域での生活を始めた被害者に対し、事案に応じ、適切な支援を行うために、関係機関等との連絡調整等を行うとともに、身近な相談窓口として継続的な支援を行うことが考えられる。また、当該市町村の住民以外からの相談が寄せられた場合にも円滑な支援ができるよう、こうした場合の対応について、あらかじめ近隣の市町村及び都道府県の支援センターと検討しておくことが望ましい。

第一章　家庭内暴力

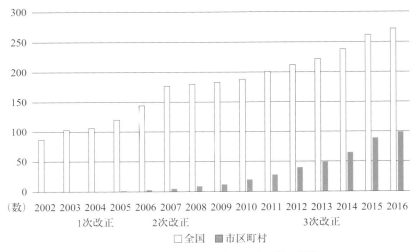

図1-11　配偶者暴力相談支援センター数の推移

表1-5　都道府県と市町村の配偶者暴力相談支援センターの役割

	都道府県	市町村
意義	都道府県における対策の中核	身近な行政主体における支援の窓口
役割	・一時保護 ・処遇の難しい事案への対応 ・専門的・広域的な対応 ・市町村への支援 ・職務関係者の研修等広域的な施策	・身近な相談窓口の設置、基本情報の提供 ・緊急時における安全の確保 ・地域生活における関係機関との連絡調整 ・継続的な自立支援

緊急時における安全の確保、地域における継続的な自立支援等が基本的な役割として考えられる[111]。

　このように、配偶者暴力相談支援センターの設置を促進し、その役割を強調している理由は、被害者を保護・支援するためには、そうした機関の活用

111）内閣府男女共同参画局「市町村の配偶者暴力相談支援センターの設置促進のための手引」（2013）7頁。

第三節　被害者に対する保護・支援制度

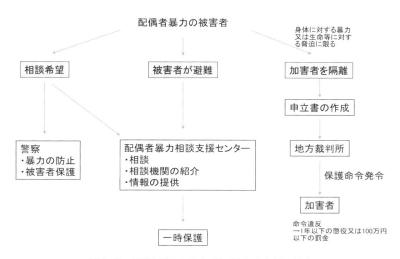

図1-12　配偶者暴力被害者に対する支援の流れ

が効果的と考えられるからである。支援の流れは［図1-12］のようになっている。配偶者暴力相談支援センターなどは、①被害者に関する問題の相談、関係機関の紹介、②被害者の心身の健康を回復させるための医学的又は心理学的な指導、③被害者およびその同伴する家族の緊急時における一時保護、④被害者が自立して生活することを促進するための情報の提供、その他の援助、⑤保護命令制度の利用に関する情報の提供、⑥被害者を居住させ保護する施設についての情報の提供等の業務を行うものとされている。配偶者暴力相談支援センターなどにより保護される被害者の範囲には、身体的暴力を受けた者に限られず、性的暴力や精神的暴力によって心身に有害な影響を受けた者も含まれる[112]。

　次に、被害者が配偶者からの更なる暴力により、その生命又は身体に重大な危害を受ける恐れが強いときは、裁判所が被害者からの申立てにより、当該配偶者に対して保護命令を発することができる。保護命令には、接近禁止命令と退去命令がある。まず、接近禁止命令は、6カ月間、被害者の住居そ

112）寺山洋一・前掲注（84）5頁。

第一章　家庭内暴力

の他の場所において被害者の身辺につきまとい、又は、被害者の住居、勤務
先その他その通常所在する場所の付近のはいかいを禁止することである。退
去命令は、2カ月間、被害者と共に生活の本拠としている住居から退去する
こと、又は、裁判所が被害者からの申立てにより、被害者への接近禁止命令
と合わせて、被害者に対する特定の行為を禁止する命令を発することであ
る[113]。

　また、被害者本人への接近禁止命令の実効性を確保するため、当該裁判所
は、①被害者に対し、電話・FAX・電子メール送信、面会要求、著しく粗野
または乱暴な言動をすること、著しく不快又は嫌悪の情を催させるようなも
のを送付、名誉を解する事項を告げること等を禁止すること、②被害者と同
居している未成年の子の住居、就学する学校その他の通常所在する場所にお
いてその身辺につきまとい、又はその子の住居、就学する学校その他その通
常所在する場所の付近をはいかいすることを禁止すること[114]、③被害者の
親族その他その被害者と社会生活において密接な関係を有する者の住居その
他の場所において、親族等の身辺につきまとい、又は親族などの住居、勤務
先その他の通常所在する場所の付近をはいかいすることを禁止することがで
きる（同法第10条第2項〜第4項）。②の禁止命令を発するためには、配偶
者が被害者の幼年の子を連れ戻すと疑うに足りる言動を行っている等の事情
があることから、被害者がその同居している未成年の子に関して配偶者と面
会することを余儀なくされることを防止するため必要があると認められなけ
ればならない。また、①②③の命令は、被害者の生命又は身体に危害が加え

113）特定の行為とは、①面会の要求、②行為の監視に関する事項を告げることなど、
　　③著しく粗野・乱暴な言動、④無言電話、連続して電話・ファクシミリ・電子メー
　　ル（緊急やむをえない場合を除く）、⑤夜間（午後10時から午前6時）の電話・ファ
　　クシミリ・電子メール（緊急やむを得ない場合を除く）、⑥汚物・動物の死体など
　　の著しく不快又は嫌悪の情を催させる物の送付など、⑦名誉を害する事項を告げる
　　ことなど⑧性的羞恥心を害する文書・図面の送付などである。

114）ただし、当該子が15歳以上であるときは、その同意がある場合に限る（同法第
　　10条第3項）。

第三節　被害者に対する保護・支援制度

られることを防止するため、被害者の申立てによって当該配偶者に対し、命令の効果が生じた日以降、命令の効力が生じた日から起算して6月を経過しない日までの間、命ずることができる。保護命令を発する管轄裁判所は、相手方の所在地を管轄する地方裁判所とされるが、申立人の住所又は居所地、当該申立てに係る配偶者からの暴力が行われた地の地方裁判所にも申立て[115]を行うことができる（同法第11条）。保護命令が発せられたときは、速やかにその旨およびその内容を申立人の住所又は居所を管轄する警視総監又は道府県警察本部長に通知するものとする（同法第15条第3項）。保護命令の取消は、当該保護命令の申立てをした者の申立てがあるとき、保護命令を発した裁判所によって行われる（同法第17条）。保護命令に違反した者は、1年以下の懲役又は100万円以下の罰金に処せられる（同法第29条）。

　被害者が自立して生活することを促進するため、配偶者暴力相談支援センターは、就業の促進、住宅の確保、医療保険・国民年金の手続、同居する子どもの就学、住民基本台帳の閲覧の制限等に関する制度の利用に関する情報提供及び助言を行うとともに、事案に応じて当該関係機関と連絡調整を行う。配偶者暴力への対策として、被害者自立支援の重要性が高いことを踏まえ、就業の促進その他の被害者の自立を支援するための施策が一層強調された。その一環として第4次男女共同参画基本計画においては、被害者の住居の安定を確保するため、地域の事情を踏まえた事業主体の判断による公営住宅への優先入居や目的外使用の実施を促進している。

---

115) 保護命令の申立ては次に掲げる事項を記載した書面でしなければならない。①配偶者からの身体に対する暴力又は生命等に対する暴力を受けた状況、②配偶者からの暴力を受けた状況、更なる配偶者からの暴力によりその生命又は身体に重大な危害を受ける恐れが大きいと認めるに足りる事情、③第10条第3項の規定による命令の申立てをする場合にあっては、被害者が当該同居している子に関して配偶者と面会することを余儀なくされることを防止するため当該命令を発する必要があると認めるに足りる申立ての時における事情等（同法第12条）。

第一章　家庭内暴力

3　被虐待児童に対する保護・支援制度

［図 1-13］で示したように児童虐待に関する通告を受けたときは、児童福祉事務所長は、当該児童との面会その他、当該児童の安全を確認するための措置を講ずると共に、必要に応じて①当該児童を児童相談所に送致すること、②出頭の求め及び調査又は質問、立入調査をすること、③一時保護の実

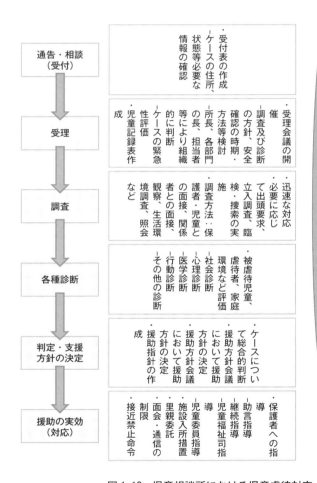

図 1-13　児童相談所における児童虐待対応

施が適当であると認めるものを都道府県知事又は児童相談所長へ通知すること、ができる。児童相談所が虐待に係わる通告又は送致を受けた場合、児童相談所長は48時間以内に児童の安全を確認しなければならない[116]。保護者が拒絶したり、家に鍵がかかっているなど、児童の安全を確認することができないときは、児童を同伴して出頭することを求めることや立入調査[117]をすることができる。さらに、そのような措置を取ったにもかかわらず拒否されるなど、事実を確認することができないときは、再出頭要求の手続きを経た後、裁判所の許可状を得たうえで、臨検、捜索が可能である。

　児童虐待防止法第9条の7においては、捜索に当たって必要があるときは、鍵を壊すなど実力を行使して、強制的に家に立ち入り、児童虐待事実の有無について調査することができる。臨検・捜索の要件をまとめると①出頭要求を受けた保護者、立入調査をうけた保護者が再出頭要求に応じないこと、②児童虐待が行われている疑いがあること（児童虐待が行われている恐れより可能性が高いこと）、③裁判所の裁判官による許可状が発布されることである。臨検・捜索の執行の際には、夜間執行の制限、身分の証明、許可状の提示などが規定されている。このように厳格な手続がとられているのは、犯罪捜査における家宅捜索と同様に強制的に人の住居に立ち入って捜索することが、憲法上、裁判所の判断を経た慎重な手続の下に行われなければ

116）2007年1月の「児童相談所運営指針」の見直しにより、児童相談所に虐待通告がなされた際の安全確認を行う時間ルールとして「48時間以内とすることが望ましい」と定められるとともに、各自治体ごとに安全確認を行う際の所定時間を設定することとされた。実際に、69自治体のうち、64自治体は48時間以内と設定し、5自治体は24時間以内とした。以下は児童相談所運営指針の一部である。「安全確認は、児童相談所職員又は児童相談所が依頼した者により、子どもを直接目視することにより行うことを基本とし、他の関係機関によって把握されている状況などを勘案し救急性に乏しいと判断されるケースを除き、通告受理後、各自治体ごとに定めた所定時間内に実施することとする。当該所定時間は、各自治体ごとに、地域の実情に応じて設定することとするが、迅速な対応を確保する観点から48時間以内とすることが望ましい。」
117）正当な理由がないのに立入調査を拒否した者は50万円以下の罰金に処される。

ならないためである[118]。

一時保護 児童虐待事実の有無について調査した結果、児童の福祉に合致すると認められるとき、すなわち、児童を親の元に置いておくべきでなく、早急に保護すべきであると判断される場合には、児童を保護者から一時的に分離して、児童相談所に付設された一時保護所、あるいは児童福祉施設などに保護することができる。この一時保護は、行政機関単独の判断で可能とされており、緊急の対応として、児童の意思に反しても、保護者の意思に反しても執行できる。執行に際し必要があると認められるときは、当該児童の住所又は居所の所在地を管轄する警察署長に対し援助を求めることができる。さらに、児童の福祉の観点から直ちに虐待事実の有無について判断できない場合、例えば、性的虐待のように立入調査だけでは判断できず専門家の意見を参照しつつ判断すべきである場合にも虐待について調査するために児童を保護することができると解釈する見解がある[119]。同見解は、児童虐待の危険性や反復の恐れがあることなどを考慮すれば合理的な拡大解釈であると思われる。

都道府県が一時保護を行う施設として設置するものは、児童相談所に付設される一時保護所であり、独立の施設は認められない。保護された児童は、虐待に限らず少年非行など様々な理由で保護された児童と一緒に生活するほか、一時保護委託により児童養護施設等の児童福祉施設や里親、病院、子どもシェルターなど適当な施設で生活する。具体的には、被保護児童に対して保育や学習、スポーツやレクリエーション等を通じて、行動面の観察や生活指導を行うが、その間に、児童福祉司の面接や心理職員による心理検査、精神科医の診察などを併せて実施される。一時保護は、児童や保護者の権利制

---

118) 日本国憲法第35条①何人も、その住居、書類及び所持品について、侵入、捜索及び押収を受けることのない権利は、第33条の場合を除いては、正当な理由に基いて発せられ、且つ捜索する場所及び押収する物を明示する令状がなければ、侵されない。②捜索又は押収は、権限を有する司法官憲が発する各別の令状により、これを行ふ。

119) 大村敦志/横田光平/久保野恵美子『子ども法』(有斐閣、2015) 66頁。

限を伴うものであるから、緊急措置として認められたもので、司法調査がないままに長期間分離することは予定されてない。したがって、原則的に保護を開始した日より2ヵ月を超えてはならないが、必要があると認められるときは、延長可能とされている（児童福祉法第33条）。

親子の再統合　以上の過程により、児童が親から虐待を受けた事実が明らかになれば、必要に応じて児童を親から分離する措置がとられる。しかし、このような措置をとっても、親子の関係は変わらない。児童にとって親はかけがえのない存在であるため、全ての児童が親からの分離を求めるわけではなく、このような分離措置が常に児童の利益につながるとは限らない。もちろん、再び児童虐待が発生する可能性があるときは、児童を親から分離させて保護すべきであるが、社会的擁護は、児童が親の元に戻ることができるようになるまで臨時的に行われる措置であり、いずれは児童を親の元に戻して、養育させること（親子の再統合）が望ましいと考えられる。すなわち、親が虐待事実を受け止め、虐待行為について反省し、自ら変わり、児童も親の変化を受け入れられるようになり、家庭復帰できるようになれば、児童にとって最も良い結末だろう。

　児童虐待防止法においても、親子の再統合の重要性に基づいた規定がみられる（同法第4条、第11条）。親子の再統合のために、児童の心理的ケアだけでなく、虐待の原因となっている親の心理的、精神医学的問題を改善することも不可欠である。このようなケアは容易ではなく、極めて専門的な知識に基づいて行われる必要がある。現場では、ケアのために精神科医療や心理カウンセリングなどが行われているが、確立した方法はない。また、効果的なケアのためには複数の治療が併せて行われなければならず、各関係者の連携も求められる。

自立支援　以上の支援制度の対象になる児童は原則として18歳未満の児童である（児童虐待防止法第2条第1項）。しかし、最近の同法改正により、必要があると認められる場合は、20歳まで支援を続けることができるようになったが、基本的には18歳を迎えると以上の措置は終了する。

　18歳になる前に、親子の再統合が円滑に実現されれば問題ないが、そう

ではない場合、児童は自分の力で生きていかなければならず、このような児童に対する自立支援が重要な意味をもつ。具体的には、居場所のない児童のために、シェルターが各地で作られており、児童は、入所後担当弁護士や職員の支援を受けながら将来についてともに考えていく。その他、就労することを前提とした自立援助ホームもある。児童養護施設を出た後、児童の希望により自立援助ホームに入所し、自立を目指して、働きながら生活をする。主に15歳から20歳くらいまでの男女が、夫婦や職員とともに1、2年間暮らしながら、貯金し、自立していく。運営者は、社会福祉法人、NPO法人、任意団体などであり、同所は、暴力やネグレクトなど様々な虐待の衝撃を克服し、円満に成長するように支援することが主な役割である。このように、自立援助ホームは、児童の自立のために重要性が高まっているが、国と地方自治体からの補助金を受け取ることができない施設もあり、受け取ることができても十分な運営ができる金額ではないため、児童の自立を支えるためには、同制度の見直しが必要であるという見解もある[120]。

(三) 関係機関の連携協力および実態調査研究

1　関係機関の連携協力

　配偶者暴力防止法第9条において、配偶者暴力相談支援センター、都道府県警察、福祉事務所等都道府県又は市町村の関係機関その他の関係機関は、被害者の保護を行うに当たって、その適切な保護が行われるよう、相互に連携を図りながら協力するよう努めるものとするとされている。そして、同法第3条第5項において配偶者暴力相談支援センターは、その業務を行うに当たって、必要に応じ、配偶者からの暴力の防止及び被害者の保護を図るための活動を行う民間の団体との連携に努めるものとされている。児童虐待防止法第4条第1項において国及び地方公共団体は、児童虐待の予防及び早期発見、児童虐待を受けた児童の迅速かつ適切な保護及び自立の支援、並びに児

---

120)　子ども虐待防止オレンジリボン運動ホームページ参照、
　　http://www.orangeribbon.jp/、最終閲覧日：2017年8月15日。

第三節　被害者に対する保護・支援制度

童虐待を行った保護者に対する親子の再統合の促進への配慮、その他の児童
虐待を受けた児童が良好な家庭的環境で生活するために必要な配慮や適切な
指導及び支援を行うため、関係省庁その他関係機関及び民間団体の連携の強
化等に必要な体制を整備するように努力しなければならないと規定されてい
る。被害者を保護・支援するためには、法律に掲げられた機関を始め、人権
擁護委員や関連する施策を所管する関係機関が共通認識を持ち、被害者援助
の各段階において、緊密に連携しつつ取り組むことが重要であると思われ
る。家庭内暴力は複雑な側面を有しており、一つの機関による対応で問題を
解決することは困難であろう。一つの機関が被害者のニーズに合わせた総合
的な支援ができれば最も良いが、現実的に、ある機関が提供できる援助や
サービスは限られているため、不可能であるだろう。したがって、関係機関
の連携が不可欠であり、家庭内暴力被害者の保護と安心して社会生活を営む
ための支援を図るためには、配偶者暴力相談支援センター、児童相談所、福
祉事務所、民間団体、警察、法務局、弁護士会、被害者保護施設等の協力が
求められる。

　配偶者暴力の被害者が加害者から独立し、子どもと生活することを望んで
いる場合を想定しよう。この場合、住宅確保、子どもの転校、新しい住居地
における生活上の問題、就労等に係わる様々な分野の専門家による幅広い支
援が求められる。例えば、住宅確保のためには住宅供給公社・婦人保護施設、
生活支援のためには市町村・健康福祉事務所、転校支援のためには教育委員
会・学校、心理的な安定を取り戻すためには病院・心理相談センター・被害
者支援センター・健康福祉事務所、就労のためには母子自立支援員・就労支
援センターなどの支援が必要である。被害者が加害者から逃げて新たな地域
で子どもと一緒に生活することになり、住居の確保、国民保険への加入、地
域相談センターによる精神的ケア、子どもの転校、就職などの支援を受けた
場合であっても、加害者が新しい住居に来て、復縁を求めたり、新たな暴力
を振るったりすれば、全ての支援は無駄となる。このような場合、加害者に
対する住民基本台帳の閲覧などへの制限が行わなければならず、このような
措置は、関係機関の間の緊密な連携と情報共有を通じて可能になるだろう。

第一章　家庭内暴力

　さらに、児童虐待防止法では、児童に配偶者暴力を目撃させること（面前DV）自体が児童虐待のうち、心理的虐待に該当するとされている。面前DVへの対応のためには、児童相談所、学校や保育士だけでなく配偶者暴力相談支援センター等も含めた連携が重要である。また、外部から発見しにくい家庭内暴力を早期に発見し、問題が深刻化される前に適切な対応をするためには、関係機関と連携を図り、ネットワークを構築し、それを活用しなければならない。このような観点から警察内に検察庁、弁護士会、日本司法支援センター、医師会、臨床心理士会、地方公共団体の担当部局、県や市の相談機関や民間の被害者支援団体などからなる「被害者支援連絡協会」が全都道府県単位で設立されている。また、男女共同参画推進本部及びその下に設置された女性に対する暴力に関する関係省庁会議並びに犯罪被害者等施策推進会議等の場を通じて、関係行政機関相互の連携を強化し、関係施策を総合的に推進することを図っている[121]。

2　被害者保護・支援機関の役割
　被害者の保護・支援のため関係機関に期待される役割と注意事項は、以下のようにまとめた。

①配偶者暴力相談支援センター
：被害者の意思を尊重した相談、自立支援、情報提供、一時保護。
　－児童が配偶者暴力を目撃したか否かについて検討し、目撃した場合、必ず児童相談所などの関係機関への通報及び情報の提供。
　－暴力の重複発生可能性を念頭に置いて対応し、暴力発生を認知した場合、関係機関への通告及び情報の提供。
　－児童相談所、警察などと共同で事例研究を推進。

121）第4次男女共同参画基本計画（2015）65頁以下。

第三節　被害者に対する保護・支援制度

②児童相談所

：被虐待児童に対して相談、支援、一時保護などを行う。

　　−児童虐待が発生した家庭において、他の暴力が発生する恐れがあること
　　　を念頭に置いて対応し、暴力発生を認知した場合、関係機関への通告及
　　　び情報の提供。

③警察

：家庭内暴力の防止、被害者支援、被害発生防止のために必要な措置、援助。

　　−家庭内暴力の通報があり、現場に出動した場合、当該被害者以外の家庭
　　　構成員に接することが可能→家族構成員に対する暴力有無を調査。

　　−暴力の類型に応じて、関係機関に通告。

　　−配偶者暴力相談支援センターや児童相談所などとは異なり、女性被害者・
　　　児童被害者を同時に接するため、二次被害防止の観点からより幅広い知
　　　識が求められる。

　　−児童相談所の職員による児童の安全確認・一時保護の際における援助。

④医療機関

：身体に対する深刻な程度の家庭内暴力の被害者に対する診断、治療および
　精神なケア。

　　−身体的暴力など迅速な介入を要する家庭内暴力を最も発見しやすい立場
　　　であることについて認識。

　　−（危険度が低い又は通報の同意が得られない場合）被害者に対する支援
　　　センターなどの相談窓口に関する情報の提供。

　　−（危険度が高い又は児童虐待の場合）家庭内暴力の類型により通告すべ
　　　き機関が異なることを認識しつつ、通告窓口を周知。

　　−家庭内暴力について通告した場合、医学的な知識に基づいて被害者の状
　　　態に関する情報の提供。

第一章　家庭内暴力

⑤福祉事務所
：管轄する地域の住民の福祉を図る。
- 配偶者暴力、児童虐待などの特定の暴力類型ではなく、家庭内暴力に関する総合的な相談をする可能性がある。
- 専門的な援助が求められる場合、適切な機関を紹介する。

⑥民間団体
：（行政機関・関係機関を除く）家庭内暴力の被害者を保護・支援する団体であり、被害者が気軽に相談できる身近な組織としてのサポート。
- 被害者の多様なニーズに対する柔軟な対応。
- 被害者にとってより身近な組織として当該被害者の立場を十分に理解する。
- 被害者から得られた情報の共有。

3　被害者保護に資するための実態調査研究

　配偶者暴力防止法第25条において、国および地方公共団体は、配偶者からの暴力の防止および被害者の保護に資するため、加害者の更生のための指導の方法、被害者の心身の健康を回復させるための方法などに関する調査研究の推進並びに被害者の保護に係る人材の養成および資質の向上に努めるものとするとされている。また、児童虐待防止法第4条第5項において、国及び地方公共団体は、児童虐待を受けた児童がその心身に著しく重大な被害を受けた事例の分析を行うとともに児童虐待の予防及び早期発見のための方策、児童虐待を受けた児童のケア並びに児童虐待を行った保護者の指導及び支援のあり方、学校の職員及び児童福祉施設の職員が児童虐待の防止に果たすべき役割その他児童虐待の防止等のために必要な事項についての調査研究及び検証を行うものとされている。このような調査研究に当たり、被害者と接する必要がある場合は、被害者の心身の状況、その置かれている環境などに十分配慮することが必要である[122]。

　配偶者暴力に関する調査研究のうち、定期的に行われる代表的なものが内

閣府男女共同参加局により実施される「男女間における暴力に関する調査」である。同調査の目的は、男女間における暴力の実態について調査し、男女間を取り巻く環境の変化に応じた被害傾向の変化等に対応する施策の検討に必要な基礎資料を得ることであり、同調査は 1999 年度から開始され 3 年に 1 度（不定期で 10～12 月頃）実施されている。調査は層化 2 段無作為抽出法[123] により抽出された全国 20 歳以上の男女 5000 人を対象としており[124]、主に配偶者からの暴力被害、交際相手からの暴力被害、執拗なつきまとい等の経験、異性から無理やり性交された経験などについて調査する。調査票の記入は自己申告方式とし、調査票は郵送で配布され、回収は民間事業者の調査員の訪問による。その他、定期的ではないが、社会現象を反映し、必要に応じて行われたものが、配偶者からの暴力の加害者更生に関する調査研究、地域における配偶者間暴力対策の現状と課題に関するアンケート調査、配偶者からの暴力に係わる相談員等の支援者に関する実態調査などがある。

　児童虐待については、まず、毎年児童相談所での児童虐待相談対応件数、児童相談所での虐待相談の内容別件数及び虐待相談の経路別件数等が報告されている。さらに、毎年出版される犯罪白書の「犯罪被害者」の章では、犯罪被害の類型の一つとして子どもの犯罪被害（刑事犯と児童虐待犯罪）が調査されている。また、児童虐待等要保護事例の検証に関する専門委員会は、2003 年から 2015 年まで 12 回にわたって子ども虐待による死亡事例の検証を行っている。同委員会は、児童虐待による死亡事例について児童が死亡に至る前にこれを防止することは不可能だったのか、どのような対応を取るべきであったのか、さらに今後どのような対策を強化・推進する必要があるの

122）内閣府ほか・前掲注（109）32 頁以下。

123）層化 2 段無作為抽出法は、行政単位（都道府県・市町村）と地域によって全国をいくつかのブロックに分類し（層化）、各層に調査地点を人口に応じて比例配分し、国勢調査における調査地域及び住民基本台帳を利用して（2 段）、各地点ごとに一定数のサンプルの抽出を行うことである。総務省青少年対策本部「低年齢少年の価値観等に関する調査」（2000）。

124）2005 年までは 4500 人を対象に調査していた。

かを検証するために、社会保障審議会児童部会の下に設置された。同委員会は、児童虐待防止法第4条第5項に基づいて様々な専門分野で構成される有識者が、継続的・定期的に全国の児童虐待による死亡事例等を分析・検証し、全国の児童福祉関係者が認識すべき共通の課題とそらへの対応を取りまとめるとともに制度やその運用についての改善を促すことを図っている[125]。

(四) 二次被害の防止

犯罪被害者を保護する最善の方法は、前もって犯罪の発生を防ぐことに他ならない。しかし、全ての犯罪を予め防止することは不可能である以上、更なる被害を予防し、被害者に対して効果的かつ迅速な支援を行うことも、同様の観点から重要なことであると考えられる。すでに述べたように、家庭内暴力は、信頼関係にある家族から暴力を受けるという点で他犯罪より被害者に大きな衝撃を与えるだけではなく、暴力の被害と家庭破壊という二重の苦痛で、回復するまでに長い時間がかかるため、被害者を支援する際に特別な配慮が求められる。特に、家庭内暴力の被害者を支援する際、注意すべきことが二次被害の防止である。

一般的に犯罪をきっかけに、又は犯罪事件を処理する過程において被害者が精神的又は社会的に再度傷つけられることを二次被害という。それを更に詳しく区別して、刑事手続上、捜査機関によって又は公判段階で誤った対応により発生する被害が二次被害であり、家族、親族、その他周りの人や地域社会などの反応によって被害者が精神的・心理的に傷つけられることを三次被害であると分類する見解もある。しかし、犯罪発生以降、その処理過程において生じる被害を主体に基づいて区別することは困難である。なぜならば、これらは相互作用により被害者へのさらなる被害を与えるため、どこからどこまでが刑事司法機関による被害であり、また、どこからどこまでが周辺の人による被害であるかを明確に見分けることが難しいためである。さら

---

125)「子ども虐待による死亡事例等の検証結果等について」は、厚生労働省ホームページで閲覧できる。

第三節　被害者に対する保護・支援制度

に両者の区別が被害者保護のために貢献するのではないため、以下では、二次被害と三次被害を区別せず検討する。

　家庭内暴力被害者における二次被害は、家族・親族や友人及び関係機関に相談するとき、又は裁判所、検察庁、警察などの司法機関において担当者が家庭内暴力に対して十分に理解していないとき、配慮の欠けた言動の影響により再度傷つけられることを意味する[126]。このような現状は、被害者に対する支援や法的介入のニーズが急速に高まってくるに伴い、被害者を支援する現場において深刻な問題となっている。例えば、配偶者暴力被害者に対して「夫の言い分も聞かなければならない、なぜ逃げなかったのか、喧嘩は両成敗である」、被虐待児童に対して「あなたが悪い子なので親が暴力を振るうのではないか、親が処罰されたらどうする」などと言うなど、支援する側の無知・無視、攻撃的な言動や支援の拒否が被害者に再度被害をもたらす。特に職務上、女性や児童被害者に接する機会がある関係者が被害者の心身の状況や置かれている環境に配慮して対応しないと、被害者をさらに傷つける恐れがある。

　そのため、配偶者暴力防止法第 23 条において、配偶者からの暴力に係る被害者の保護、捜査、裁判などに職務上関係のある者（以下「職務関係者」と表記する。）は、その職務を行うに当たり、被害者の心身の状況、その置かれている環境などを踏まえ、被害者の国籍、障害の有無などを問わずその人権を尊重するとともに、その安全の確保および秘密の保持に十分な配慮をしなければならないとされており、国および地方公共団体は、職務関係者に対し、被害者の人権、配偶者からの暴力の特性などに関する理解を深めるために必要な研修および啓発を行うものとされている。児童虐待防止法においては、児童の保護及び自立の支援を専門的知識に基づき適切に行うことがで

126）二次被害の定義に対してとちぎ女性センターは、「被害者たちが実際、相談を求めたときに、適切な援助が得られなかったり、発せられた言葉によって傷つけられる」ことであるとした。パレティとちぎ女性センター「平成 14 年度夫・パートナーからの暴力に関する二次被害の実態調査」（2003）2 頁。

第一章　家庭内暴力

きるよう、国及び地方公共団体は、児童相談所等関係機関の職員、学校の教職員、児童福祉施設の職員その他児童虐待を受けた児童の保護及び自立の支援の職務に携わる者の人材の確保及び資質の向上を図るため、研修等必要な措置を講ずるとされている。さらに、児童の人権、児童虐待が児童に及ぼす影響等について必要な広報その他の啓発活動に努めなければならないと定められており、二次被害の防止については直接規定していないものの、児童の人権、児童虐待が児童に及ぼす影響等について理解を促すとともに、児童の保護・支援のために専門的な知識をもっている人材を確保することにより、間接的に二次的被害の防止に資するものと解される。

　都道府県の二次被害防止のための取り組みをみると、「相談担当者に対して研修を実施している」が50％で最も多く、次いで「相談担当者を他の団体などが実施している研修に派遣している」が38.9％、「関係機関や関係団体の担当者を対象にした研修を実施している」が33.3％となっている[127]。また、2009年の「子ども虐待対応の手引き」の特別な視点が必要な事例への対応において、性的虐待の被害児童を支援する際、性的虐待の事実を思い出したり話したりすること自体が元のトラウマ的な出来事の再体験としてトラウマを生じさせる二次的な被害が生じる危険性があると指摘されている。したがって、面接者はこうした二次的被害を回避ないしは緩和するために努力しなければならない。例えば、加害者と同性であったり、加害者を想起させたりする危険性がある人物が面接をしないことや、今後のケースワークや法的手続きにおいて必要になると考えられる情報を一人の面接者が集中して話を聞くようにすることで同じ内容の話を子どもが繰り返ししなくてもいいようにするといった工夫が考えられるとされている[128]。

　内閣府男女共同参画局の「地域における配偶者暴力対策の現状と課題に関するアンケート調査報告書」の被害者相談事業の状況に関する項目では、二

127）内閣府男女共同参画局「地域における配偶者暴力対策の現状と課題に関するアンケート調査報告書」（2011）17頁。
128）厚生労働省雇用均等/児童家庭局総務課「子ども虐待対応の手引き」（2009）249頁。

次被害防止のための取り組みについて調査されている。しかし、家庭内暴力被害者の二次被害を防止するための取り組みは具体化されていないため、適切な対策を講じる必要がある。

第四節　加害者対策の現状

　歴史的にみて、人々が犯罪予防に関心をもたなかった時代はないといえよう。現在まで、国家の重要な任務の一つは犯罪を予防し、公共の秩序を維持することであった。公的機関、特に刑事司法機関は犯罪予防について基本的には事後予防[129]を目的としており、犯人の検挙、犯罪者の処罰・処遇を通じて再犯予防を目指してきた。しかし、現在までの家庭内暴力の再犯予防対策は、不十分であると考えられる。日本の配偶者暴力防止法は、加害者への対策について「配偶者からの暴力の防止および被害者の保護に資するため、加害者の更生のための指導の方法に関する調査研究の促進に努めるものとする」と言及があるだけで、加害者対策について具体的に定めていない。児童虐待防止法及び児童福祉法では、親子の再統合への配慮、その他の児童虐待を受けた児童が家庭で生活するために必要な配慮をしつつ、児童虐待を行った保護者に対して訓戒を加え、又は誓約書を提出させること、児童福祉司、社会福祉士等に指導させることなどができると規定されている。児童虐待行為者がこのような指導を受けなかった場合、被虐待児童の一時保護、親権喪失、親権停止などの措置がとられる。このような指導は、児童虐待の再発を予防する効果が期待されるが、強制力がないため、虐待行為者が望まない場合、指導を拒否することができる。

---

129) 事後予防とは、犯罪・非行の発生後に善後策として、将来に発生する犯罪を予防することをいう。通常、犯罪・非行を行った者に対して、種々の犯罪原因を究明し、この者の改善・更生、社会復帰を図って、再犯を予防するもので、特別予防ともよばれる、守山正/安部哲夫『ビギナーズ刑事政策』（成文堂、2011）56頁以下。

第一章　家庭内暴力

　本節では、配偶者暴力・児童虐待を区別せず、家庭内暴力の加害者対策について警察、矯正施設、更生保護における対策について検討する。

一　警察段階における加害者対策

　家庭内であっても、家族に暴力を振るう行為は許されず、被害者からの申告などがあった場合において、その被害者の権利を守り、被害者を保護するために警察として介入することができるのは当然である。また、家庭内暴力が個人の人権を侵害するものであり、継続すれば他の場合以上に大きな被害を与えるものであるのは明らかである。したがって、近年では、警察の積極的な介入が求められるようになっている[130]。しかし、現在日本では、警察による家庭内暴力加害者への義務的な対応については、規定されていない。
　配偶者暴力防止法第8条では、通報等により配偶者からの暴力が行われていると認めるとき、警察は、警察法、警察官職務執行法その他の法令の定めるところにより、暴力の制止、被害者の保護その他の配偶者からの暴力による被害の発生を防止するために必要な措置を講ずるよう努力しなければならないと定められている。警察官は、犯罪がまさに行われようとしているのを認めたときは、その予防のため関係者に必要な警告を発し、又はもしその行為により人の生命若しくは身体に危険が及び、又は財産に重大な損害を受ける恐れがあって、急を要する場合においては、その行為を制止することができる（警察官職務執行法第5条）。個人の生命、身体及び財産の保護、犯罪の予防などによって、公共の安全と秩序を維持するという警察の責務を達成するため、このような権限が与えられたものである。同規定によれば、警察官に認められている権限は、警告と制止である。警告は、相手に一定の行為を行わないように求める指導であって、法的な義務を課すものではないが、制止は相手方に直接実力を行使する行為であり、即時強制に該当する。しかし、警告と異なり制止は、限られた場合に行うことができる[131]。

130）田村正博『警察行政法解説第二版』（東京法令出版、2015）61頁。

第四節　加害者対策の現状

　さらに、配偶者暴力防止法における警察官の被害の防止は、努力義務にとどまっている。すなわち、警察官が暴力の再発の恐れがないと判断した場合はもちろん、警察官が暴力の再発の恐れがあると判断した場合においても、介入を求めない程度の軽微な暴力に留まると予想され場合、又は身体的暴力ではなく精神的・心理的暴力の発生が予想され、公権力の行使よりも当事者間の対話によって解決することが望ましいと判断された場合は、措置を取らない可能性がある。したがって、家庭内暴力を防止するために措置を取るか否かは、法律上義務付けされておらず、警察官の裁量に任されることになる。この理由について、配偶者暴力のような家庭内暴力がデリケートな問題であるとともに個別事案ごとに適切な判断をしなければならないため、現場の警察官に裁量を縛らないようにすることが妥当であると主張する意見もある[132]。

　しかし、家庭内暴力は再発する可能性が高いため、軽微な暴力にとどまった場合であっても、加害者と被害者の関係、家庭環境などを考慮し、暴力再発の可能性があるときは、警察官の判断に任せるよりも、暴力防止措置を義務化するようにしなければならない。確かに、家庭内暴力は、家族構成員の間で発生する暴力であるため、デリケートな問題であり、家族構成員が平和的な方法で解決することが最も望ましいことは否定できない。しかし、深刻な段階まで発展する可能性があるケースについては専門機関の介入が不可欠であり、警察による適切な範囲内における積極的な対応が求められる。

　家庭内暴力は、反復・エスカレートする傾向があるため、警察などによる被害者保護、加害者の暴力再発防止などの早期措置が重要である。ところが、現在の法律・制度では、警察にこのような権限を与えていない。家庭内暴力は被害者と加害者が家族関係であることから、他の犯罪とは異なる性格をもっており、暴力を防止するための強力な加害者処罰が必ず被害者の利益につながるわけではない。しかし、適切な早期対応が行われない場合、暴力

131）田村正博・前掲注（130）232 頁。
132）那須修『警察実務家による刑事法講義ノート』（立花書房、2008）274 頁以下。

第一章　家庭内暴力

がエスカレートし、傷害、殺人まで発展する恐れがあることを念頭におかなければならない。たとえば、被害者を保護し、警察の恣意的な判断を防ぐため、具体的な基準を定め、それに満たす場合、加害者に一定の命令することができるように権限を与えることも考えられる。

二　矯正施設における加害者対策

　家庭内暴力の加害者に実刑が言い渡された場合、受刑者として矯正指導を受けることになる。受刑者処遇の中核は、作業のほか、改善指導及び教科指導[133]であり［表 1-6］、これらの指導に加え、刑執行開始時及び解釈前の指導も行われる。これらの 4 つを総称して矯正指導という。現在の矯正施設において家庭内暴力の加害者のみに限定した矯正・教育プログラムは実施されていない[134]。ただし、刑事収容施設および被収容者等の処遇に関する法律（以下「刑事収容施設法」と表記する[135]）第 103 条は、刑務作業に加えて、改善指導を義務付けている。同条が定める改善指導とは、①薬物に対する依存があること、②暴力団員であること、③その他法務省令で定める事情があ

133）教科指導は、学校教育の内容に準ずる指導であり、具体的に、社会生活の基礎となる学力を欠くことにより改善更生及び円滑な社会復帰に支障があると認められる受刑者に対して行う補習教科指導と学力の向上を図ることが円滑な社会復帰に特に資すると認められる受刑者に対して、その学力に応じて行われる特別強化指導がある。

134）朴元奎「ファミリーバイオレンスの加害者への対応策の現状と課題」刑法雑誌第 50 巻第 3 号（2011）430 頁。

135）従来、刑事施設内の処遇を規律する基本法は、1908 年に施行された監獄法であった。同法の改正案である刑事施設法案は、行刑の近代化・国際化・法律化という 3 つの原則を改正の指針とするものであったが、日本弁護士連合会の反対が強く、結局、廃案となっている。ところが、2002 年から翌年にかけて名古屋刑務所における受刑者死傷事案が明らかになり、これを契機として、行刑運営上の問題に対する社会的関心が高まり、監獄法の全面改正が強く促され、2006 年に「刑事収容施設法」が成立した。川出敏裕／金光旭『刑事政策』（成文堂、2012）155 頁以下。

第四節　加害者対策の現状

表 1-6　矯正処遇の種類及び内容

種　類		内　容
作業		一般作業
		職業訓練
改善指導		一般改善指導
	特別改善指導	薬物依存離脱指導
		暴力団離脱指導
		性犯罪再犯防止指導
		被害者の視点を取り入れた教育
		交通安全指導
		就労支援指導
教科指導		補習教科指導
		特別強化指導

ることにより、改善更生および円滑な社会復帰に支障があると認められる受刑者に対して行われるものである。すなわち、改善指導は、受刑者に対し、犯罪の責任を自覚させ、健康な心身を培わせ、社会生活に適応するのに必要な知識及び生活態度を習得させることが目的である（刑事収容施設法第 103条第 1 項）。

　改善指導には、一般改善指導と特別改善指導がある。一般指導はすべての受刑者を対象としており、講話、体育、行事、面接、相談助言その他の方法により被害者及びその遺族などの感情を理解させ、罪の意識を培わせること、規則正しい生活習慣や健全な考え方を付与し心身の健康増進を図ること、生活設計や社会復帰への心構えを持たせ社会適応に必要なスキルを身に付けさせることなどを目的として行われる。特別改善指導は、改善更生及び円滑な社会復帰に支障があると認められる受刑者を対象としており、その事情の改善に資するよう特に配慮して行う改善指導である。現在、以下の 6 類型が矯正局長の定める標準プログラムに基づき実施されている[136]。

　①薬物依存離脱指導：薬物使用に係わる自己の問題性を理解させた上で、

136）法務省『犯罪白書 2016』55-59 頁。

再使用に至らないための具体的な方法を考えさせる。グループワークを中心に、薬物依存から回復を目指す民間団体や医師などの協力を得て実施する。2015 年の実施対象施設数は 76 である。

②暴力団離脱指導：警察等と協力しながら、暴力団に加入していた自分の問題点について考えさせ、暴力団の反社会性を認識させるとともに、離脱の具体的な方法を検討し離脱の決意を固めさせ、出所後の生活計画を立てさせる。同年の実施対象施設数は 36 である。

③性犯罪再犯防止指導：性犯罪につながる自己の問題性を認識させ、その改善を図るとともに、再犯に至らないための具体的な方法を習得させる。事前に詳細な調査を行い、再犯のリスクや性暴力につながる問題の程度に応じて指導の密度や科目の指定がなされる。認知行動療法等の技法を取り入れ、グループワークを中心に、カウンセリング等を取り合わせて実施される。同年の実施対象施設数は 19 である。

④被害者の視点を取り入れた教育：被害者の命を奪ったり、重大な被害をもたらした受刑者に対して、罪の大きさや被害者等の心情等を認識させるとともに、再び罪を犯さない決意を固めさせる。被害者・遺族による講演や視聴覚教材を通じて、命の尊さを認識させ、具体的な謝罪方法について考えさせる。同年の実施対象施設数は 77 である。

⑤交通安全指導：交通違反や事故の原因について考えさせ、遵法精神、人命尊重の精神を育てることにより、運転者の責任と義務を自覚させ、罪の重さを認識させる。被害者の生命や身体に重大な影響を与える交通事故を起こした者や重大な交通違反を繰り返した者が対象である。同年の実施対象施設数は 55 である。

⑥就労支援指導：就労に必要な基本的スキルとマナーを習得させるとともに、就労先で円滑な人間関係を保ち、職場に適応するための心構えや行動様式、職場で直面すると思われる問題への対応方法、就労に必要な基礎的知識や技能などを習得させる。生活技能訓練（SST）や就職面接の練習を行い、就職活動やその後の就労生活に役に立つようにする。同年の実施対象施設数は 64 である。

第四節　加害者対策の現状

　家庭内暴力の加害者が特別改善指導の対象となるのは、改善更生および円滑な社会復帰に支障があると認められた場合であり、状況に応じて、薬物依存離脱指導、性犯罪再犯防止指導、被害者の視点を取り入れた教育などを受講することができると考えられる。家庭内暴力行為者に薬物依存症がる場合、又は被害者に対して性暴力を振るった場合は、当該問題に焦点を当てた特別な指導を受けることになるが、全ての家庭内暴力行為者が対象となりうるのが被害者の視点を取り入れた指導である。同指導の目標は、「自らの犯罪と向き合うことで、犯した罪の大きさや被害者・その遺族等の心情等を認識させ、被害者・その遺族等に誠意を持って対応していくとともに、再び罪を犯さない決意を固めさせること」である。同指導を担当する者は、刑事施設の職員（法務教官、法務技官、刑務官）、民間協力者（被害者やその遺族等、被害者支援団体のメンバー、被害者問題に関する研究者、警察及び法曹関係者等の専門家）である。また、指導方法は、ゲストスピーカー等による講話、グループワーク、課題図書（被害者の手記等）、役割交換書簡法等である。標準実施期間は 3〜6 カ月であり、12 単元（1 単元：50 分）を受講することになる。カリキュラムは、被害者の実情・罪の重さなどを認識させるとともに、謝罪の方法や再犯予防への決意等が含まれている（［表 1-7］参照）[137]。

　一方、家庭内暴力の加害者が一般改善指導の対象となる場合は、講話、面接、相談、助言その他の方法により、被害者感情理解指導、行動適正化指導、社会復帰支援指導、対人関係円滑化指導などを受ける可能性があると考えられる。しかし、この場合であっても、対象者の特性に応じる個別的・特別な配慮が存在するわけではなく、従来どおり作業を中心とした矯正処遇が行われている[138]。また、受刑者は、釈放前に原則として 2 週間の期間で、釈放後の社会生活において直ちに必要となる知識の付与や指導が行われる。家庭内暴力の加害者も同様の指導を受けることになり、同指導は、講話や個別面接等の方法で、社会復帰の心構え（将来の生活設計や望ましい人生観・社会

137）法務省ホームページ参照、http://www.moj.go.jp/、最終閲覧日：2017 年 8 月 20 日。
138）朴元奎・前掲注（134）431 頁。

第一章　家庭内暴力

表 1-7　被害者の視点を取り入れた加害者教育のカリキュラム

項目	指導内容	方法
オリエンテーション	受講の目的と意義を理解させる（カリキュラムの説明、動機付け）	講義
命の尊さの認識	命の尊さや生死の意味について具体的に考えさせる	講話、グループワーク、課題読書指導
被害者（その遺族等）の実情の理解	被害者及び遺族等の気持ちや置かれた立場、被害の状況について様々な視点から多角的に理解させる ①精神的側面 ②身体的側面 ③生活全般	講話（ゲストスピーカー等）、視聴覚教材の視聴、講義、課題読書指導（被害者の手記等）
罪の重さの認識	犯罪行為を振り返らせ、客観的に自分が犯した罪の重さ、大きさを認識させる	課題作文、グループワーク
謝罪及び弁償についての責任の自覚	被害者及びその遺族等に対して謝罪や弁償の責任があるということを自覚させる	グループワーク、役割交換書簡法、講話（ゲストスピーカー等）
具体的な謝罪方法	具体的な謝罪の方法について自分の事件に沿って考えさせる	グループワーク、課題作文
加害を繰り返さない決意	再加害を起こさないための具体的な方策を考えさせるとともに、実行することの難しさを自覚させる	グループワーク、視聴覚教材の視聴、講義

　観等）、社会生活への適応（社会状況の変化、望ましい人間関係の在り方等）、社会における各種手続きに関する知識を付与したりするほか、必要に応じ、刑事施設の職員が同行して社会見学をするなどの方法で行われる[139]。しかし、同指導は、主に社会生活に適応させることが目的であり、暴力抑止などの家庭内暴力の再犯予防への効果は期待できないだろう。

---

139)　法務省『犯罪白書 2016』59 頁。

第四節　加害者対策の現状

三　更生保護における加害者対策

　更生保護の機関には、法務省に置かれている中央更生保護審査会、高等裁判所の管轄区域ごとに置かれている地方更生保護委員会、地方裁判所の管轄区域ごとに置かれている保護観察所がある（［表1-8]）。更生保護に関して、犯罪者予防更生法（昭和24年法律第142号）と執行猶予者保護観察法（昭和29年法律第58号）を整理・統合した更生保護法（平成27年法律88号）が執行され、保護観察処遇等の一層の充実強化が図られた（［表1-9]）。同法第1条は、「犯罪をした者及び非行のある少年に対し、社会内において適切な処遇を行うことにより、再び犯罪をすることを防ぎ、又はその非行をなくし、これらの者が善良な社会の一員として自立し、改善更生することを助ける」と定め、再犯防止と改善更生が社会内処遇の中心になることを明らかにした。

　懲役又は禁錮が言い渡され、刑事施設に収容されている家庭内暴力の加害者に改悛の状があり、改善更生が期待できる場合、当該者を収容期間満了前に仮に釈放して更生の機会を与え、その円滑な社会復帰を図ることになる。同制度を仮釈放と言い、その形式的要件として、有期刑については刑期の3

表1-8　更生保護機関と機能

機　関	設　置	構　成	機　能
中央更生保護審査会	法務省	委員長＋委員4人	仮釈放、保護観察、恩赦、犯罪予防活動及び医療観察制度に関する企画・立案など
地方更生保護委員会	高等裁判所の管轄区域	3人以上15人以内の委員	仮釈放及び仮出場の許可並びに仮釈放の取消し、不定期刑の終了、その他法律に定められた事務など
保護観察所	地方裁判所の管轄区域	保護観察官＋社会復帰調整官＋ボランティア（保護司、更生保護法人役職員）等	保護観察、生活環境の調整、更生緊急保護、恩赦の上申、犯罪予防活動など

第一章　家庭内暴力

表 1-9　2015 年保護観察対象者の類別認定状況[140]

単位：件数、（　）内は％

類型 ＼ 区分	仮釈放者	保護観察付執行猶予者
シンナー等乱用	27（0.5）	45（0.4）
覚せい剤事犯	1629（31.4）	1487（13.9）
問題飲酒	544（10.5）	1257（11.7）
暴力団関係	84（1.6）	118（1.1）
暴走族	2（0.0）	17（0.2）
性犯罪等	326（6.3）	1300（12.1）
精神障害等	465（9.0）	1406（13.1）
高齢	530（10.2）	756（7.0）
無職等	1905（36.7）	2073（19.3）
家庭内暴力	61（1.2）	385（3.6）
家庭内暴力　児童虐待	20（0.4）	79（0.7）
家庭内暴力　配偶者暴力	22（0.4）	203（1.9）
ギャンブル等依存	662（12.8）	583（5.4）

分の 1、無期刑については 10 年の法定期間を経過しなければならない（刑法第 28 条）。仮釈放の実質的要件である「改悛の状」があると認められるためには、悔悟の情及び改善更生の意欲があり、再び犯罪をする恐れがなく、かつ、保護観察に付することが改善更生のために相当であると認められる必要がある。ただし、社会の感情がこれを是認すると認められないときは、仮釈放は許されない。仮釈放を許すか否かに関する審理を行うにあたり、被害者等から審理対象の仮釈放に関する意見及び被害者に関する心情を述べたい旨の申し出があった時は、その意見等を聴取し（更生保護法第 38 条）、審理に反映する。家庭内暴力ケースにおいて①加害者が家族に対して暴力を振るったことを反省して、再度暴力を振るわないことについて決心したうえ、②客観的に家庭内暴力が再発する恐れがないと認められ、③被害者等が加害

140）法務省『犯罪白書 2016』71 頁。

者の仮釈放について反対しない又は社会感情がこれを是認すると認められるとき、加害者の仮釈放が許されるだろう。仮釈放を許可する機関は地方更生保護委員会で、3人で構成される合議体で審査を行う。仮釈放の期間は、残刑期間が満了するまでとされ、対象者は期間中、保護観察に付される。

保護観察は、対象者の再犯を防ぎ、その改善更生を図ることを目的として、当該者に通常の社会生活を営ませながら、一定の遵守事項を示して、指導監督、補導援護を行う処遇である。指導監督上の基準である遵守事項は、全ての保護観察対象者が守らなければならない一般遵守事項と個々の保護観察対象者ごとに定められている特別遵守事項があり、それに違反すれば、不良措置として仮釈放の取消し等の措置がとられる可能性がある。

一般遵守事項は、①再び犯罪をすることがないよう、又は非行をなくすよう健全な生活態度を保持すること（健全な生活態度の保持）、②ⅰ）保護観察官又は保護司の呼出し又は訪問を受けたときは、これに応じ、面接を受けること。ⅱ）保護観察官又は保護司から、労働又は通学の状況、収入又は支出の状況、家庭環境、交友関係その他の生活の実態を示す事実であって指導監督を行うため把握すべきものを明らかにするよう求められたときは、これに応じ、その事実を申告し、又はこれに関する資料を提示し、保護観察官及び保護司による指導監督を誠実に受けること（指導監督の受認義務）、③保護観察に付されたときは、速やかに、住居を定め、その地を管轄する保護観察所の長にその届出をすること（一定の住所への居住・届出）、④届出に係る住居に居住すること（居住義務）、⑤転居又は7日以上の旅行をするときは、あらかじめ、保護観察所の長の許可を受けること（転居・長期旅行の事前許可）等を内容としている（同法第50条）。

特別遵守事項は、①犯罪に結びつく恐れがある特定の行動をしないこと、②健全な生活態度を保持するために必要と認められる特定の行動を実行かつ継続すること、③指導監督を行うため事前に把握しておくことが特に重要と認められる生活上又は身分上の特定の事項について、予め保護観察官又は保護司に申告すること、④特定の犯罪的傾向を改善するための専門的処遇を受けること、⑤社会貢献活動を一定期間にわたって行うこと、⑥その他指導監

第一章　家庭内暴力

督を行うために特に必要な事項を守ること、の中から、保護観察対象者の改
善更生のために特に必要と認められる範囲内で具体的に定めるものとされて
いる（同法第51条）。

　さらに、近時の社会の急激な変容によって保護観察対象者の問題性に応じ
た処遇の個別化と保護観察官による直接処遇の拡大が求められており、代表
的な制度が類型別処遇である。類型別処遇は、保護観察対象者の問題性その
他の特性を、犯罪の態様などによって類型化して把握し、各類型ごとに共通
する問題性などに焦点を当てた効率的な処遇であり、保護観察の実効性を高
めることが目的である。保護観察類型別処遇制度は、1990年から実施され
ており、短期保護観察を除く全ての対象者が類型認定されることになってい
る。2003年に全面改正され、問題飲酒や高齢（65歳以上）、ギャンブル等依
存などの新たな類型が加えられて、全部で11類型[141]を定めている[142]。さら
に、同改正により、家庭内暴力対象者の認定基準および処遇方針などは大き
く変更され、改正前は「青少年による親への暴力」だけに焦点があてられて
いたが、時代の要請に合わせるため「児童虐待」および「配偶者に対する暴
力行為」など家庭内で生じる暴力全般を含むように改正された。

　また、類型区分別の処遇方法に関してマニュアルが作成されており、たと
えば、配偶者暴力加害者に対しては、①対象者本人を受容・理解し、治療の
ための信頼関係を樹立する、②暴力を禁止する、③言葉による感情表現力を
身に付けさせることなど、暴力的行為の回避・改善に努めさせる、④男女関
係・夫婦の役割関係などに関する価値観の変容を図る、⑤配偶者との関係の
見直しについて考えさせる、⑥被害者などの安全を確保するなどの処遇方針

---

141) この類型の区分は、①シンナー等乱用対象者、②覚せい剤事犯対象者、③暴力
　　団関係対象者、④暴走族対象者、⑤性犯罪等対象者、⑥精神障害等対象者、⑦中学
　　生対象者、⑧校内暴力対象者、⑨無職等対象者、⑩家庭内暴力対象者、⑪ギャンブ
　　ル等依存である。
142) 宍倉悠太「保護観察処遇に関する一考察：我が国における成人の刑の執行猶予
　　者を中心に」早稲田大学社会安全政策研究所紀要（2009）306頁。

が示されている[143]。

　しかしながら、このような処遇方法が現場においてはあまり役に立たないという指摘があり、保護観察類型別処遇をより専門化、充実強化するものとして、2008 年から「専門的処遇プログラム」が導入された[144]。同プログラムは、ある種の犯罪的傾向を有する保護観察対象者に対して、その傾向を改善させ、再犯を予防するため、医学、心理学、教育学、社会学などの専門的知識に基づき、認知行動療法[145]を理論的基盤として開発された処遇であり、体系化された手順による処遇が行われる。同プログラムとしては、性犯罪者処遇プログラム、覚せい剤事犯者処遇プログラム、暴力防止プログラム、飲酒運転防止プログラムの 4 種があり[146]、その処遇を受けることを特別遵守事項として義務付けて実施している。特に、暴力防止プログラムについては、家庭内暴力の加害者に適用可能となっている。ところが、保護観察対象者のうち、家庭内暴力の加害者の実態に関しては詳細に調査されていない[147]。したがって、これらのプログラムが家庭内暴力加害者の更生、問題解決にどれほど効果をあげているかについて、本格的な実態調査を行う必要性が指摘されている[148]。このような実態調査とその分析により、加害者対策の方向性や実効性が与えられると考える。

143）松本勝編『更生保護入門』（成文堂、2012）85 頁以下。

144）朴元奎・前掲注（134）431 頁以下。

145）認知行動療法センターなどによると、認知行動療法とは、認知に働きかけて気持ちを楽にする精神療法（心理療法）の一種である。認知は、ものの受け取り方や考え方を意味する。ストレスを感じると悲観的に考え、問題を解決できない心情となるが、認知行動療法では、こうした考え方のバランスをとってストレスに上手く対応できるこころの状態をつくる治療をするものである。

146）法務省『犯罪白書平成 24 年版』参照。

147）犯罪白書によると専門的処遇プログラムの受講者数は、2012 年において、性犯罪者処遇プログラムが 850 人、覚せい剤事犯者処遇プログラムが 1344 人、暴力防止プログラムが 259 人、飲酒運転防止プログラムが 424 人である。

148）朴元奎・前掲注（134）433 頁以下。

第二章　現行法律・制度および支援上の問題

第一節　被害者支援制度上の課題

一　児童虐待と配偶者暴力の実態調査

　内閣府男女共同参画局は、配偶者暴力防止法第25条に基づき、1999年から3年ごとに「男女間における暴力に関する調査（以下「男女間の暴力調査」と表記する）を行っている（[表 2-1]）。国及び地方公共団体は、配偶者からの暴力の防止及び被害者の保護に資するため、調査研究を推進することが規定されており、今まで6回にわたって同調査を実施した。同調査は、被害実態を的確に把握し、今後施策を推進していくうえでの基礎資料とするために、配偶者暴力防止法の影響を含め、配偶者暴力に関する国民の意識、被害・加害の経験の有無及びその態様、被害の潜在性の程度などについて調査している。調査項目や対象、内容にも、時々の必要性に応じた変化がみられる。たとえば、初期の調査は、配偶者間の暴力が主な対象とされていたのが[149]、

149）1999年の調査では、①夫婦間での暴力、②つきまとい行為、③痴漢、④性的行為の強要の項目で調査されており、2002年の調査は、①夫婦のあり方についての意識、②配偶者等の暴力についての認識、③配偶者等への加害経験、④配偶者からの被害経験等の項目により調査した。

第二章　現行法律・制度および支援上の問題

表 2-1　男女間における暴力に関する調査の項目

年度	調査項目
1999	・夫婦間での暴力等について ・つきまとい行為について ・痴漢について ・性的行為の強要について
2002	・夫婦のあり方についての意識 ・配偶者等からの暴力についての意識 ・配偶者等への加害・被害経験 ・18 歳になるまでの家庭における暴力の経験
2005	・配偶者暴力防止法についての認知 ・夫婦での行為における暴力としての認識 ・配偶者・交際相手からの被害経験 ・男性に無理やり性交された経験 ・男女間の暴力を防止するために必要なこと
2008/ 2011	・配偶者暴力防止法についての認知 ・夫婦での行為における暴力としての認識 ・配偶者・交際相手からの被害経験 ・男性に無理やり性交された経験 ・男女間の暴力を防止するために必要なこと ・政府による広報の周知
2014	・配偶者暴力防止法についての認知 ・夫婦での行為における暴力としての認識 ・配偶者・交際相手からの被害 ・特定の男性からのつきまとい等の経験 ・男性に無理やり性交された経験 ・男女間の暴力を防止するために必要なこと

2005 年からは、交際相手からの被害経験、男性から無理やりに性交された経験、男女間の暴力を防止するために必要なことなどが調査対象に追加された。さらに、2008 年からは、「政府による広報の周知」が追加された。同項目では、男女間における暴力を防止するために、政府が行っている広報・啓発活動について認知しているか否かについて調査している。2014 年の調査では、特定の男性からのつきまとい等の経験についての調査が始まったが、これは近時ストーキング行為が社会問題になっており、それらの取り組みを強化すべきであるという世論を反映し調査したものであろう。

　「男女間の暴力調査」は、主に男女間で発生する暴力を対象にしている。

第一節　被害者支援制度上の課題

同問題の現状を分析して、問題を明らかにすることによって、その対策を講じるための重要な手がかりになっている。同時に、被害者が必要としている援助の在り方を検討するための基礎資料を得ることも目的としている。同調査で重要な部分を占めている配偶者暴力への効果的な取り組みや被害者のニーズに応じた施策を講ずるためには、配偶者暴力と共に児童虐待についても調査すべきであろう。家庭内暴力加害者が配偶者だけではなく、子どもにも暴力を振るう場合、若しくは、子どもがそれを目撃し、又は認識した場合、子どもは相当な衝撃を受けるため、心理的・精神的暴力に相当すると評価できる。

　2014 年の男女間の暴力調査によれば、配偶者からの被害を受けた女性に加害者から別れたいと思ったが別れなかった理由を訊いたところ、「子どもがいるから、子どものことを考えたから」と回答した人が 65.8％であった（[図 2-1]）。さらに、同回答者に、子どものことで相手と離れなかった最も大きな理由を訊いたところ、「子どもにこれ以上余計な不安や心配をさせたくないから」との回答が 36％で最も多く、次いで「子どもをひとり親にしたくなかったから」（33％）、「養育しながら生活していく自信がなかったから」（17％）の順となっている[150]。

　同調査が示唆することは、非常に大きな意味をもつ。具体的には、第一に、配偶者暴力の被害女性が暴力を受けて、加害者から別れたいと思ったにもかかわらず、別れないという選択をした理由は、自分のためでも、相手のためでもなく、子どものためであった。被害女性は、子どものことを最優先に考え、自分が犠牲者になる選択をしたということである。第二に、「子どもをひとり親にしたくなかった」と回答した者がほぼ 3 分の 1 を占めており、配偶者との社会的依存関係や家庭の維持が重要であると判断したようにみられる。第三に、「養育しながら生活していく自信がなかったから」との回答者も多かったが、このように考えた理由としては、加害者との経済的依存関係

150）子どものことを考えて相手と離れなかったと回答した女性は、100 人であり、同調査は、その 100 人を対象にして行われた。

第二章　現行法律・制度および支援上の問題

が大きく作用したと思われる。まとめると、被害者は加害者との関係、子ど
ものために被害を我慢する傾向にあり、同じ理由から自分が受けた被害につ
いて外部に訴えることなく、消極的な態度をとる。これは、第一章で検討し
た家族の特徴と関係があり、複雑なメカニズムをもつ家庭内暴力を根本的に
解決するためには、同特徴を反映した施策を設けなければならない。そのた
め、20年近く実施されてきた男女間の暴力調査に児童虐待の項目を盛り込
んで、総合的な調査を実施する必要があると思われる。

　配偶者暴力防止法と児童虐待防止法によれば、国・地方公共団体は、暴力
の防止及び早期発見、被害者の保護・ケア等のための調査研究及び検証を行
うものとされている。配偶者暴力・児童虐待を防止し、被害者を保護するた
めには、その実態を的確に把握し、それに応じた施策を講じなければならな
い。このような観点から、配偶者暴力については男女間における暴力に関す
る調査、児童虐待については厚生労働省が公表している児童相談所における
虐待相談処理件数の統計資料が代表的な資料となる。しかし、①配偶者暴力
と児童虐待が重複して発生する可能性があるという事実と、②家族構成員間
で発生する暴力の目撃若しくは認知は、当該者に悪影響を及ぼすこと等か
ら、配偶者暴力と児童虐待の実態について同時に調査する必要がある。

　家庭内暴力の中で、最も頻繁に発生する暴力の類型である配偶者暴力と児
童虐待は、重複して発生する可能性が高い。アメリカ合衆国の調査研究によ
れば、方法上の差異はあるが、約30〜50％の家庭で暴力が重複して発生し
ていると報告され、日本でも、すでにこの問題に対していくつかの調査が行
われている[151]。また、2014年男女間の暴力調査では、これまでに配偶者か
ら被害を受けたことがあり、子どものいる人（472人）に、子どもが配偶者

151）日本において配偶者暴力お児童虐待が家庭内で同時存在することについては、
　いくつかの調査や統計がその実態を示している。具体的数字を示しての統計として
　は2003年に東京都生活文化局が行った「配偶者等暴力被害者の実態と関係諸機関
　の現状に関する調査」があり、ここでは家庭内暴力の重複発生が存在したと答えた
　人は51％あった。尾崎万帆子「ドメスティック・バイオレンスと児童虐待が同時存
　在する家庭への機関連携施策について」常磐大学大学院学術雑誌（2008）18頁以下。

第一節　被害者支援制度上の課題

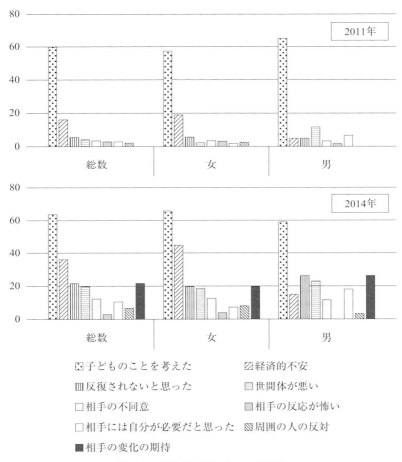

図 2-1　配偶者と別れなかった理由

から被害を受けたことがあるかを聞いたところ、「あった」との回答した者は、27.3％となっている。しかし、同調査では、わからない（8.3％）、無回答（19.1％）が含まれており、両者を除くと、37.6％のケースで児童虐待が重複して発生したことがわかる。具体的な子どもの被害経験の内容をみると「心理的虐待（大声で怒鳴る、無視、存在否定等）」が23.1％（女性27.4％、

103

男性 16.6%）と最も多く、次いで「身体的暴力（なぐったり、けったり、物を投げつけたり、突き飛ばしたりする）」が 13.8%（女性 16.1%、男性 10.2%）となっている。このように家庭内暴力と児童虐待は、同時に発生する可能性があることを再度強調したい。

　児童が直接に暴力を受けない場合においても、父母間での暴力を目撃すること自体が児童に悪影響を及ぼすこともある。この問題に関する研究は、諸外国ではもちろん[152]、日本でも行われている[153]。この点を念頭に置いて、配偶者間の暴力が児童に及ぼす影響に関しても実態調査を実施すべきである。しかし、この内容に関して若干の調査が実施されたのは、2002 年と 2005 年だけであった[154]。調査の目的が配偶者暴力の被害者を保護することである以上、直接被害又は間接被害を問わずに被害を受ける者を保護・支援しなければならない。したがって、男女間の暴力調査を行うにあたっては、既存の配偶者暴力とともに児童虐待も調査対象に追加し、実施しなければならないと考えられる。

二　家庭内暴力に関する情報の広報

　配偶者暴力の被害者を保護するためには家庭内暴力および被害者援助に関する広報啓発活動を積極的に推進しなければならないが、以上の検討から

152）MELISSA J. DOAK, supra note 63, at 1.

153）家庭内暴力が児童に及ぼす影響が大きいことを指摘する研究は、厚生労働科学研究（子ども家庭総合研究事業）「DV 被害者における精神保健の実態と回復のための援助の研究」（2002）、法務総合研究所「研究部報告 40『配偶者暴力及び児童虐待に関する総合的研究』」（2008）などがある。

154）2002 年の調査では、子どもが目撃していたかどうか（子どもありベース）を聞いたところ「目撃していた」と言う人は 35.3%で、「目撃していない」は 47.9%であった。また、2005 年の調査では、配偶者から何からの被害を受けていたことを児童が「知っていた」という人に、その影響を聞いたところ、子どもの心身に「影響を与えたと思う」と言う人（67.2%）が 7 割近くを占めた。これに対して「影響は与えなかったと思う」と言う人（13.3%）は 1 割強であった。

は、そうした活動が現状では不十分であることが分かる。潜在化しやすい配偶者暴力の場合、被害者自身が受けた行為を家庭内暴力として認識し、保護を求めることが、被害に対応するための第一歩となる。そのため、どのような行為が家庭内暴力に該当するかについて国民の理解を促進することが必要である。［図 1-2］（P27）で確認したように、夫婦間暴力のうち、身体的暴力が家庭内暴力にあたることは広く認識されていたが、脅す・大声で怒鳴るなどの言動が家庭内暴力にあたることについては、身体的暴力の場合の半分程度の認識しかみられなかった。身体に対する暴力以外の言動が家庭内暴力に該当しうると国民が正しく理解するよう、広報活動を行うべきであろう。

また、家庭内暴力の相談先のうち最も高い割合を占めているのが「家族および知人」である。実家の両親や兄弟姉妹に相談したとき「多少のことは我慢しなさい、別居や離婚は思いとどまるように」と説得されることもあるため[155]、家庭内暴力に関する情報の広報を通じて専門的機関による被害者救済につながるように促進すべきである。さらに、家庭内暴力の被害者だけでなく、その他の者に対する広報も重要である。被害者が「家族および知人」に相談した場合であっても、無条件に家庭を守るように説得することではなく、暴力について正しく評価し、適切な取り組みが行われるようにしなければならないためである。

2008 年と 2011 年の男女間の暴力調査においては、政府による広報の周知度に関する調査を実施した。「男女間における暴力を防止するため、政府は、ポスター・パンフレットの作成・配布、インターネットを通じた広報・啓発を作っていることを知っているか」を訊いたところ、2008 年には「知っている」という人が 46.7%（女性 46.3%、男性 47.2%）、「知らない」という人が 50.7%（女性 50.6%、男性 50.9%）となっている。2011 年には、前者が 37.2%、後者が 57.7%、2015 年には、前者が 32.4%、後者が 64.%となっており、知っている人の割合が徐々に減少している。

特に 2008 年には、同内容について詳細に調査され、具体的に、性・年齢

---

155) 石井朝子・前掲注（40）28 頁。

第二章　現行法律・制度および支援上の問題

別にみると、「知っている」という人は、女性では 40 代から 50 代で他の年齢層より多くなっており、男性では、60 歳以上が最も多く（55.6％）、次いで 50 代（47.9％）、40 代（44.3％）となっており、若年齢層ほど「知らない」という人が多くなっている。

　配偶者暴力防止法の認知度別にみると、男女とも配偶者暴力防止法の存在・内容を知っている人は、政府による広報を「知っている」人（女性 63.3％、男性 71.1％）が多数を占めていた。男女とも配偶者暴力防止法の存在だけを知っている人は、政府による広報活動を「知っている」人（女性 50％、男性 51.2％）が半分程度を占めていた。一方、配偶者暴力防止法の存在・内容を知らない人では、7 割ほどが政府による広報活動についても「知らない」（女性 73.1％、男性 72.6％）と回答した。

　政府による広報の周知度について、1、2 回の調査結果に基づいてその傾向等について判断することはできないが、半分以上の人が周知していないことや、法律について認知しているほど周知度が高いことが確認できる。したがって、全体的な周知度を高めることと、より幅広い人に情報を提供するように努力する必要性があると思われる。

　児童虐待の場合、広報活動によって、児童の意識を改善させることは期待しにくく、意識改善によって自ら専門機関に通報する可能性は成人に比べて低いであろう。したがって、学校、児童福祉施設、病院その他児童の福祉に業務上関係のある団体及び学校の教職員、児童福祉施設の職員、医師、保健師、弁護士その他児童の福祉に職務上関係のある者は、児童虐待を発見しやすい立場にあるため、それらの者に対する広報および教育・研修を行う必要があると考えられる[15-)]。

---

156) 保育士は、虐待の疑われる子どもや不適切な養育の兆候が認められる子どもを発見すれば関係機関に通告を行い、場合によっては、関係機関と連携しながら家族や子どもに対応していく重要な役割を果たさなければならない（保育所保育指針の「第 5 章子どもの健康と安全」、「第 6 章保護者に対する支援」）。しかし、児童虐待対策の担い手となる専門家をいかに養成するかという課題は解決の急がれる課題でありながら、保育士を対象にした研究は非常に少ない。笠原正洋「保育士養成にお

第一節　被害者支援制度上の課題

　また、配偶者暴力防止法の主な内容についても国民に十分に周知されているとはいえない（［図 1-3］P28）。家庭内暴力に関する法律の内容の周知度では、韓国が日本を約 3 倍上回っている[157]。法律上与えられている救済制度を知ることにより、被害者自らが積極的に保護を求めるようになるため、配偶者暴力防止法の本来の目的に沿って被害者の保護・支援を実現するには、同法の内容や趣旨を被害者の側にも理解させることが重要である。法律の実効性を高めるためには法律に対する情報提供が不可欠であり、これを促進する方策を講じなければならない。さらに、関係法に関する周知度が低いことが問題となる理由は、同法に関する不知が相談窓口の存在等に関する不知と関係があるためである。すなわち、配偶者暴力防止法の存在・内容も知っている人の中では、配偶者暴力について相談できる窓口を「知っている」（女性 71.9％、男性 71％）という人が多数を占めている。一方、配偶者暴力防止法の存在・内容を知らない人の約 9 割が男女ともに相談窓口を「知らない」（女性 88.2％、男性 91.4％）と回答しており、［図 2-2］からわかるように、相談窓口について知らない人が 2014 年では男女平均して約 65％であることを考慮すると非常に高い数値である。自分が相談を受けた場合、相手に相談センター等から専門的援助を受けるようにアドバイスすること、そして被害者が自ら相談を求めることが家庭内暴力を顕在化するための有効な方法となる。したがって、このように情報が偏重している状況が憂慮されており、改善が求められる。

　配偶者暴力防止法では、被害者を保護・支援する専門機関の存在とその役割が定められている。しかし、実際にそれを利用する者は少ない。［図 1-5］（P34）によれば、女性の場合、配偶者暴力防止法が施行された後、公的機関に被害の相談をした人は約 13％増加したが、自分が受けた被害を家族・

　　ける虐待対応についての教育プログラムに関する予備調査」中村学園大学短期大学部研究紀要第 41 号（2009）25 頁。

157）本数値は、韓国の 2007 年調査とそれと最も近い日本の 2008 年の調査を比較したものである。「法律の成立も内容も知っている」割合は、韓国の場合は 40.1％であり、日本の場合は 12.2％で、韓国の場合が 3 倍以上高かった。

第二章　現行法律・制度および支援上の問題

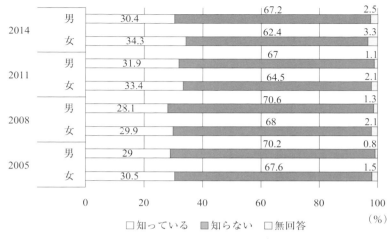

図 2-2　相談窓口の周知度[158]

　知人に相談した者の割合の方が、公的機関に相談する者の割合より3倍以上多い。配偶者からの被害をどこにも相談しなかった理由は、「相談するほどのことではないと思った」、「自分にも悪いところがあると思った」、「自分さえ我慢すれば、何とかこのままやっていけると思った」の順であった。このように被害者は、自分が受けた暴力が家庭内暴力であると認識せず、またこれを深刻な問題とも思わなかった。被害に対して専門的な取り組みができる公的機関への相談を促進するため、被害者の意識変化が必要である。

三　警察による被害の防止

　配偶者暴力防止法第8条は、警察官による被害の防止義務を定めているが、努力義務にとどまっている。警察官は、通報などにより配偶者からの暴力が発生していると認めるときは、暴力の制止、被害者の保護その他の配偶者からの暴力による被害の発生を防止するために必要な措置を行うように努

158）この図は、「男女間の暴力調査」に基づいて作成した。

第一節　被害者支援制度上の課題

めなければならない。警察官が被害を防止するためにとるための具体的措置は、直接には、警察法[159]および警察官職務執行法などに従って行われる。配偶者暴力防止法は、警察官の暴力防止および被害者の保護に関して新たな権限を与えたものでなく、既存の法律に基づいて権限を適正に行使するよう求めている[160]。家庭内暴力の被害者を保護するため、暴力の通報により現場に出動する警察官の役割は重要であるが、配偶者暴力防止法は、警察の役割や被害者の保護のための措置に関して明記しておらず、警察法および警察官職務執行法などに委ねている。したがって、家庭内暴力の被害者保護の観点から警察の早期対応の重要性を念頭に置き、警察官の被害防止の役割と権限について具体的に規定すべきであると考えられる。

さらに、警察官職務執行法によると、警察官は犯罪がまさに行われようとしている場合は予防のために関係者に警告することができ、さらに、人の生命への危険等があって急を要するときは、その行為を制止することができるとされている。警察官は家庭内暴力がまさに行われようとしている場合に予防の観点から警告を、生命・身体に危険が及び急を要する場合は加害者に制止の措置を行うことができる。犯罪がまさに行われようとしている場合とは、刑事法上の違法行為が行われる可能性が高いことが客観的に明らかになったことを意味する。例えば、犯罪行為が巡回中の警察官によって発見され、又は、第三者の通報により（犯罪を行おうとしている者は気づかないまま）現場に出頭した警察官により発見された場合、警察官は当該行為者に警告をすることができる。

しかし、家庭内暴力は、閉ざされた空間での暴力なので、暴力行為者が気づかないまま、警察官が家に入ることは困難であり、警察官が家に入った時点で暴力が終了する場合が多いため、「犯罪がまさに行われようとしている

159）警察法第2条第1項は、警察活動の目的を「警察は、個人の生命、身体、財産の保護に任じ、犯罪の予防、鎮圧および捜査、被疑者の逮捕、交通の取締その他の公共の安全と秩序の維持に当たることをもってその責務とする」と規定している。
160）「夫（恋人）からの暴力」調査研究会『ドメスティック・バイオレンス』（有斐閣、2002）162頁以下。

第二章　現行法律・制度および支援上の問題

場合」と解することが難しいケースもあろう。さらに同警告については、主観的な判断ではなく、客観的に判断しなければならず、犯罪行為がすでに行われた場合でも、犯行・被害の拡大を防止する必要性がある限り、警告をすることができるとされている。また、警告は任意活動としての指導の一種であって、犯罪行為者に対して法的義務を課すものではない[161]。警察官が家庭内暴力の加害者に対して暴力行為を止めることを求める警告をしても、それは、加害者の行為に対する強制力がなく、加害者の判断に任されるため、実際のどれほど犯罪の抑止効果があるのかについては疑問が残る。

　東京都が公表した「夫・パートナーからの暴力被害体験者の面接調査の結果報告書」は「警察の対応について、通報などにより暴力現場に来て助けになったケースがある一方、『夫婦げんかには干渉できない』『民事不介入』の原則を理由に対応がなされない場合があり、これの対応に不満を示すケースが多い」と指摘している[162]。配偶者暴力防止法は、「配偶者からの暴力は犯罪となる行為をも含む重大な人権侵害である」と明確に定義している。警察官に配偶者間の暴力がたとえ私的な場所で発生してもこれは単純な夫婦げんかでなく、犯罪であり重大な人権侵害であることを認識させ、被害者の通報が無駄にならないようにしなければならない。

　そもそも、警察官が家庭内暴力の通報を受け現場に行っても、その暴力の程度が軽微な場合、積極的に取り組まないケースが少なくない。被害者が被害を受けていてもそれが軽傷にとどまる場合や、精神的暴力や性的暴力である場合、警察官は、加害者への警告指導という形で介入するだけにとどまることもあるが、以上で検討したように同警告による犯罪抑止効果はあまり期待できない。また、このような警察官の対応は、家庭内暴力の継続性や複合性、精神的影響の深刻さなど、その特質の無理解に基づくものであると思われる[163]。身体的暴力が行われていなくても、当該の状況を総合的に考慮し

161）田村正博・前掲注（130）232 頁以下。

162）小島妙子・前掲注（46）461 頁以下。

163）戒能民江『シェルターを核とした関係援助機関の活動連携実態および法制度・

第一節　被害者支援制度上の課題

て介入が必要と判断される場合には警察官による積極的な対応が行われるよう、法律を整備するとともに、家庭内暴力がもつ特徴について警察官の教育を行うべきである。

　警察官が家庭内暴力の加害者にとる強力な措置として制止がある。制止を行うことができる要件は、①犯罪がまさに行われようとする場合であること、②同行為により人の生命・身体に危険が及び又は財産が重大な損害を受ける恐れがあること、③急を要することである。警告とは異なり、制止は限られた場合に許容される。一般的に、殺人、傷害、暴行、強盗、放火などの犯罪が該当されるが、そのような罪種ではなくても個別具体的な事実関係の下で生命等への危険が生ずるのであれば該当する。具体的な事実関係の下で判断しなければならないが、家庭内暴力のうち、身体的暴力と、場合によっては性的暴力がこれに該当する可能性があり、精神的・心理的暴力及び経済的暴力は、これに該当しない可能性がある。したがって、家庭内暴力の通報を受けて警察が現場に出頭しても、生命等への危険が生ずるものでなければ、制止ではなく、せいぜい強制力のない警告にとどまることになる。この場合、警告が加害者を刺激し、更なる暴力が発生する恐れもあることも憂慮される。

　配偶者暴力防止法第 8 条の 2 では、配偶者暴力の被害者から暴力による被害を自ら防止するための援助を受けたい旨の申出がある場合、その申出が相当と認められる場合、警察官は、当該被害を自ら防止するための措置の教示その他、配偶者暴力による被害の発生を防止するために必要な援助を行うとされている。警察官が通報を受け、家庭内暴力が発生し現場へ速やかに出頭しても、場合によっては数分から数十分時間がかかるだろう。したがって、緊急を要するときは、警察官による援助を受けるまで、被害者の自衛策や対応策を講ずることが被害防止のために有効であろう。しかし、警察官が被害者に対して自衛策・対応策等を指導することは、基本的に当該被害者の申出

運用に関する調査』（シェルター・DV 問題調査研究会議調査 3 担当、2000）20 頁、小島妙子・前掲注（46）466 頁から再引用。

第二章　現行法律・制度および支援上の問題

があり、それが相当であると認める場合に限定される。通報により潜在化しやすい家庭内暴力を発見した場合は、当該暴力が再発しないように最善を尽くすべきであり、その方法として警察官の指導が有効であると思われる。現行法上、警察による被害者指導が認められているのは、被害者の申出がある場合に限られており、さらに、配偶者暴力法など関係法の存在や内容について周知していない者は、このような制度があること自体も認識していない可能性がある。したがって、被害者の保護のために同制度を活発に利用できるように努めなければならないと思う。

　児童虐待防止法第10条第1項では、児童の安全の確認、一時保護、立入り調査・質問、臨検の措置をとる際、必要に応じて、児童相談所長は当該児童の住所地等を管轄する警察署長に対して援助を求めることができると定められている。また、児童相談所長又は都道府県知事は児童の安全の確認・確保に万全を期する観点から、必要に応じて迅速かつ適切に警察署長に援助を求めることが義務付けられている。同条第1項の規定による援助の求めを受けた場合において、児童の生命・身体の安全の確認又は確保のために必要と認められるとき、警察官は警察官職務執行法[164]等の法律において定められた措置を講じるように努力しなければならない。すなわち、被虐待児童の安全の確認、一時保護、虐待事実の捜査のための立ち入り調査、質問、臨検などの職務の執行に際し、必要があると認めるとき、児童相談所長は警察署長に援助を求めることができる。

　しかし、①児童相談所長が必要ではないと判断するときは、警察署長の援助を求める義務はなく、②職務の執行上必要であると判断されても「援助を

164）警察官職務執行法第6条第1項　警察官は、前二条に規定する危険な事態が発生し、人の生命、身体又は財産に対し危害が切迫した場合において、その危害を予防し、損害の拡大を防ぎ、又は被害者を救助するため、已むを得ないと認めるときは、合理的に必要と判断される限度において他人の土地、建物又は船車の中に立ち入ることができる。第4項　警察官は、第一項又は第二項の規定による立入に際して、その場所の管理者又はこれに準ずる者から要求された場合には、その理由を告げ、且つ、その身分を示す証票を呈示しなければならない。

第一節　被害者支援制度上の課題

求めることができる」と規定されているため、援助を求めなくても良い。さらに、同条第 3 項において援助を求められた警察署長は、児童の生命又は身体の安全を確認し、又は確保のために必要と認めるときは、職務の執行を援助するために所属の警察官に必要な措置を講じさせるように努めなければならないと規定されている。当該必要性がないと判断するときは、援助するために必要な措置を講じさせるように努力する義務はなく、必要性のある場合であっても、努力することが義務化されているだけで、「必ず」措置を講じさせるとはなっていない。

　また、警察が児童虐待について通報を受け、現場に出頭するとき、児童を保護するための措置を取ることができる。しかし、同法によれば、警察が被虐待児童を保護するため措置を取ることができるのは、児童相談所長等の求めがある場合に限られる。児童の生命・身体の安全が危険な状態であれば、児童相談所長又は都道府県知事が警察署長に援助を求めることが義務化されているが、その後、援助のために必要な措置を講じることは義務付けられておらず、努力義務にとどまっているのである。

　2010 年 3 月、奈良県桜井市で、子どもに水や食事を十分に与えられなかったことが原因で幼児が衰弱死した事件が起きた。5 歳の男児に約 2 カ月にわたって十分な食事を与えず、餓死させたが、亡くなった男児の体重は 5 歳児平均の約 3 分の 1（約 6.2 kg）で、身長も平均より 25 cm 低かった（85 cm）。さらに同じ時期に埼玉県蕨市で、4 歳の男児に水と食事を与えず、衰弱させつつも放置した事件もあった。しかし、いずれも相談所は、異常を感じた保健師から通知を受けたが、「緊急性を感じなかった」とし、父親が面会を拒否した後も含めて強制立ち入りや一時保護などは考えなかったと報じられた[165]。

　このような事件が再び起こらないように児童虐待への有効な介入が求められる。成人と異なり、子どもは自分が置かれている状況を正しく把握できず、たとえ、把握できたとしても問題を解決するために取ることができる方

165）中川正造「家庭内事案への公の介入」警察学論集第 63 巻 7 号（2010）39 頁。

第二章　現行法律・制度および支援上の問題

法は限られている。このような児童を保護することは、我々の使命であり、一人や一つの機関だけでは実現できないであろう。また、虐待の防止のため、保護者を説得したり、児童の状態を把握し適切なケアをすることは児童相談所の職員などに期待される役目であり、そのような措置を取ったにもかかわらず、暴力が再発する可能性があるときは、より強力な措置を取る必要がある。これは警察官に期待される役目であろう。

四　二次被害の防止

　日本では、配偶者暴力防止法と児童虐待防止法の成立後、家庭内暴力への問題意識が急速に共有され、被害者の保護・支援のために個人、関係機関そして国が本格的に取り組むようになった。さらに、配偶者暴力・児童虐待の増加やマスコミの報道により、社会的な要請も高まった。家庭内暴力の被害者を保護するために、関連法は数回改正されており、被害者保護制度の対象及び範囲は徐々に拡大されている。家庭内暴力が発生した後、相談・被害者保護・法的救済・自立支援などの制度が確立され、徐々に支援の充実を図っている。このような制度は、被害者の保護のために資するものとして不可欠であろう。
　しかし、このような制度が常に肯定的な効果をもたらすとはいえない。支援を受ける過程において、被害者が更なる被害を受けることもある。矢野裕子が二次被害を受けた当事者をインタビューした結果によると、被害者像に対する固定観念（モデル被害者化）、被害者の行動への強制的指導、被害者と支援者の不平等な関係（支援者の権力）などにより二次被害が発生すると報告されている[166]。さらに、通報を受けて、現場に出頭した警察官が家庭

166）被害者像に対する固定観念とは、期待される被害者像や惨めな被害者像などの固定化されたイメージを大前提として被害者への相談・支援を行うことによりなされた被害である。矢野裕子「DV支援現場における支援者による被害─二次被害当事者へのインタビューから─」西山学苑研究紀要2（2007）24頁以下。

第一節　被害者支援制度上の課題

内暴力について夫婦喧嘩であり、夫婦間で解決すべきであると言い、何の措置もとってくれないことや、保護命令を申し立てた被害者に対して、裁判官が申立てとは直接的に関わってない個人的な質問（借金の有無、夫婦生活など）をしたり、暴力から逃れられなかった被害者に対し「（なぜ逃げなかったのか）理解できない」などの発言を躊躇なく行うことによって二次被害を受けた者もいる[167]。

　日本において、家庭内暴力被害者の二次被害に関する調査は少なく、関連研究も多くはみられない。その中で、2003年とちぎ女性センターの実態調査[168]の結果は、非常に参考になる。同調査によると、二次被害の内容は、配偶者暴力に対して理解していないこと、支援者の軽蔑的・不愉快な態度、夫の側にたつこと、配慮がないこと、被害者の落ち度を責めること、業務上不適切な対応、我慢すべきと説得すること、家族の無理解と冷遇、性別に基づく役割を押し付ける、暴力の被害を信じないことなどがあった。同結果に基づいて二次被害の原因となるのは「性差別的考え方（夫の側にたつ、被害者の落ち度を責める、我慢すべきと説得する）」、「被害者に対する無配慮（配慮がない、不愉快な態度）」、「配偶者暴力に関する理解不足」「業務上必要な知識の不足」であると、推測できる。

　被害者を保護・支援するための体制が充実化され、被害者を支援する機関・関係者も増加している現状は肯定的に評価できるが、同時にこのような過程において被害者が再び被害を受けることないように配慮すべきである。［表2-2］は、二次被害防止のための都道府県、市町村の取り組みの現状に関するものである。全体として多い取り組みは、「相談担当者を他の団体などが実施している研修に派遣している」、「庁内の関係部署の職員を対象にした研修を実施している」、「相談担当者に対して研修を実施している」の順で

167）法施行研究会編・前掲注（44）37頁。

168）同調査は、2002年6月から12月まで、全国のDV被害女性に対して調査用紙376通を配布し、回収された104通の回答結果をまとめる形式で行われた。http://www.parti.jp/jouhou/data/03_h14chosaall.pdf 参照。

第二章　現行法律・制度および支援上の問題

表 2-2　二次被害防止のための取り組み[170]

(％)

	総数 (件)	相談担当者に対して研修を実施している	庁内の関係部署の職員を対象にした研修を実施している	関係機関や関係団体の担当者を対象にした研修を実施している	相談担当者を他の団体などが実施している研修に派遣している	その他	無回答
総数	473	15.6	17.3	9.5	53.3	6.3	29.2
都道府県	18	50.0	16.7	33.3	38.9	—	27.9
市	381	16	19.4	10.0	59.1	6.6	23.4
町村	72	5.6	6.9	1.4	27.8	6.9	59.3

＊重複回答

ある。二次被害防止のための取り組みとして、①担当者に対して自治体が主体的に研修を実施すること、②他の団体に派遣して研修を受けさせることに大きく区分できる。地域・自治体ごとに固有の文化・生活環境などによって被害者の特性も異なるだろう。したがって、地域・自治体の特徴や被害者の特性を反映した、独自の二次被害防止のための施策を講ずるべきであるが、自治体の規模、専門家の不在、予算の問題などにより独自の施策を講ずることが困難な地域・自治体もあるだろう。このような場合は、①ではなく、②を実施することによって、二次被害防止に図ることも次善の策として高く評価できる。

　問題となるのは、①も②を実施していない地域・自治体の存在である。同調査は相談窓口を設置している自治体に対して「貴自治体が二次被害防止のために行っている取り組みがあれば教えてください（当てはまる番号全てに○）」と質問する方法で実施された。何らかの項目に○をつけていれば、二次被害防止のための取り組みを実施していると評価できる。しかし、その他を含め、全ての項目に該当しない場合、すなわち、「無回答」の 29.2％は、

---

170) 内閣府男女共同参画局・前掲注（127）17 頁。

二次被害防止のための取り組みが実施されていないと思われる。すなわち、ほぼ 30％の地域・自治体において、二次被害防止のための対策を講じないまま、被害者への相談、支援、保護等の職務を行っており、被害者は支援を受けながら、新たな被害を受ける危険にさらされている現状がある。

　自治体ごとにみると、まず、都道府県では、「相談担当者に対して研修を実施している」が 50％で最も多く、次いで「相談担当者を他の団体などが実施している研修に派遣している」が 38.9％、「関係機関や関係団体の担当者を対象にした研修を実施している」が 33.3％となっている。市では「相談担当者を他の団体などが実施している研修に派遣している」が 59.1％と最も多く、ついでに「庁内の関係部署の職員を対象にした研修を実施している」が 19.4％、「相談担当者に対して研修を実施している」が 16％となっている。町村は、無回答が最も多く、次いで「相談担当者を他の団体などが実施している研修に派遣している」が 27.8％、「庁内の関係部署の職員を対象にした研修を実施している」が 6.9％となっている。ここで最も注目すべき点は、半分以上の町村において二次被害のための取り組みが行われていないことである。

　二次被害は被害者に深刻な悪影響を与える。すなわち、二次被害を受けることによって被害者は「相談するのを辞めた」「自分を責めた」「落ち込んだ」「身内も信じられなくなった」「死のうと思った」「ストレスによって障害が出た」状態となり、二次被害は、精神的影響だけではなく、人間関係にも影響を及ぼす[169]。すべての家庭に介入して、暴力を防止することは現実的に不可能であるが、家庭内暴力の被害者に対して迅速に対応し、更なる被害を受けないように努力することは、いくらでも可能である。特に、二次被害は、関係者の教育や意識改善を通じてその発生を抑えることが強く期待できるため、二次被害防止に関する調査研究による実態把握と効果的な方策の立案が必要である。

---

169) パレティとちぎ女性センター・前掲注（126）10 頁。

第二章　現行法律・制度および支援上の問題

五　関係機関の連携

　配偶者暴力防止法・児童虐待防止法において、被害者の保護を行うにあたり、被害者支援センター、警察、福祉事務所、医療機関、その他の関係機関が連携協力する旨が規定されている。被害者の保護が適切に行われるためには、一つの機関による対応では不十分であることからこのように規定したと思われる。両法において関係機関の連携の重要性について明記したことや、児童虐待防止法において児童相談所の職員による児童の安全確認や一時保護等の職務を行う際における警察官の援助について規定したこと等によって、関係機関との連携が図られてきたと思われる。こうした取り組みにより各機関の間での連携が進んできたことは間違いない。

　家庭内暴力では、被害者と加害者の関係、重複発生、家族への影響、反復・深刻化する傾向などが効果的な取り組みを阻害する要因として作用する。暴力的性向の人が外部から見えにくい空間で家族と生活し、暴力が発現された場合、他の家族にも同様の行為をする可能性があり、家庭内暴力が重複する可能性がある。たとえ、加害者が配偶者又は児童等特定の人に限って暴力を振るった場合であっても、家の中で行われるため、目撃者や暴力行為について認知した者にも悪影響を及ぼす。家庭内で暴力が発生し、第三者による発見が困難であることから、暴力は潜在化しやすく、被害者も外部に訴えず、続けて加害者と一緒に生活することもあり、暴力が繰り返し発生する恐れがある。家庭内暴力への効果的な対応のためには、まず、その事実を顕在化することが重要である。その方法として、暴力の重複発生可能性を念頭に置き、一つの暴力を発見した場合、他の暴力の有無について検討することが有効である。例えば、父親による児童虐待事実が発見されたとき、父親が他の家族に同様の行為をしたか否かを調査し、潜在化した暴力事実を顕在化することが考えられる。この場合、児童虐待相談所だけではなく、警察官、配偶者暴力相談支援センターなどの関係機関の協力が不可欠であろう。

　家庭内暴力に対する相談対応件数の増加や警察への通告の増加に伴い、こ

第一節　被害者支援制度上の課題

のような情報交換が十分になされていないことが懸念される。各機関の構造
や機能は異なっており、機関によっては、個人情報や捜査を盾に情報の共有
に協力しないことも少なくない。例えば、児童に対する性的虐待が発生し、
子どもが警察にその事実について話をしても、警察は子どもから聞いた話を
捜査情報として扱い、児童相談所にその話の内容を伝えることを拒むことも
ある。児童は、警察に話したことをそのまま児童相談所に話すわけではない
し、時間が経過して正確に覚えていない場合は、具体的に話すこともできな
い。その結果、児童相談所による保護ができないという事態が生じることも
ある[171]。さらに、被害者が自分が受けた被害を警察、支援機関などの関係
機関に数回説明することは、被害者に更なる被害を与える恐れがある。被害
者が加害者から離れることを選択し、他の地域に移住したとき、被害者支援
機関も変わる可能性がある。このような場合も、被害者が新たな支援機関に
対して家庭内暴力の経験や今までの状況を説明するのではなく、支援機関の
情報共有によって被害者が移住したことによって不便を感じないように配慮
すべきである。異なる機関には異なるルールがあり、機関間の連携は容易で
はないだろう。しかし、被害者保護のための情報共有の重要性について認識
し、その体制を構築すべきである。

　関係機関の連携・協力を図るためには、関係機関に対する信頼に基づいた
被害者保護・支援という共通認識を持ち、各機関の構造や機能等を的確に把
握しなければならない。そのため、事件発生時だけではなく、平素からの交
流を通じて相互理解深化のために努めるべきである。

　また、行政機関・関係機関と民間団体との連携を強化しなければならない。
家庭内暴力の被害は、身体的・精神的・性的・経済的被害など多種多様であ
り、その態様によって被害者が求める支援も異なる。このような被害者の
ニーズに公的機関が全て対応することは、現実的に不可能である。例えば、
被害者の身になって被害経験を聞くだけでも、心理的安定を取り戻すことに
役立つが、公的機関は、関係法に基づいて公正かつ冷静な観点から手続きを

171）町野朔／岩瀬徹・前掲注（96）65頁。

第二章　現行法律・制度および支援上の問題

行わなければならないため、このような支援をすることは難しい。被害者支援における公的機関と民間団体の役割は、相当部分重なっているが、そうではない部分もあり、充実な支援のためには、民間団体による支援活動も必要である。

　冨田信穂は、被害者支援のためには公的機関による支援が発展するだけでは不十分であり、民間団体による活動も充実しなければならないと述べ、その根拠について次の三点を指摘している。第一に、刑事司法機関による被害者支援策には限界があり、被害を警察などに通報しなかった場合には、被害者支援を受けれらないことになる。また、刑事司法機関による支援は、期間が限られているが、民間団体であれば継続的に支援を受けることができる。第二に、被害者に対しては多種多様な支援が求められるが、公的機関の縦割り行政によって、その調整が必ずしも円滑に行われているとは言えず、このような場合には、民間団体が連絡調整を行うことが可能である。第三に、日本の経済や予算をめぐる状況の下では、被害者への施策の必要性が認識されても、そのための予算が認められることは極めて困難である。民間機関も同様の問題に直面しているが、ボランティア活動等の工夫によって、費用を抑えることができる[172]。警察などの刑事司法機関は法益の保護や効果的な犯罪統制・社会秩序の維持などの目的があり、完全に被害者の立場に立って支援することはできないが、民間団体は被害者の身になって、その置かれている状況を理解して支援をすることができる。被害者の支援のためには、民間機関を活用すべきであるが、配偶者暴力防止法では、配偶者暴力相談支援センターと民間の団体との連携について努力することが規定されているだけで、関係機関の連携協力について規定している第9条においては、民間団体との連携について明記していない[173]。

172）富田信穂「犯罪被害者支援における民間機関の役割について」立教大学第 55 号
　　（2000）223 頁以下。
173）ただし、同条の「その他の関係機関」に民間団体が含まれていると解釈できな
　　いことはないが、民間団体が含まれるという趣旨を期待したのであれば、明確に書
　　くべきである。

第一節　被害者支援制度上の課題

　一方、児童虐待防止法では、関係省庁相互間その他関係機関及び民間団体の間の連携の強化、民間団体の支援等のために必要な体制の整備に努めることが規定されている。［図 2-3］は、民間団体に対して児童相談所・市区町村との連携の有無について調査した結果である。民間団体が児童相談所と何らかの連携をしている団体は、44.5%、市区町村とは 70.5%で、児童相談所と比べて、市区町村との連携は進んでいると言える。しかし、児童相談所と連携の必要性を感じるが連携に至ってないとの回答がほぼ 30%であり、連携の強化のために必要な体制を整備しなければならない。［図 2-4］は、「連携の必要性を感じるが連携に至ってない」と回答した民間団体に対して、連携を始めるうえでの阻害原因について調査した結果を図にしたものである。児童相談所・市区町村との連携において、「行政への働きかけ方が分からない」と回答した団体が最も多い。また、市区町村との連携について、「行政側に連携する意図がない」と回答した団体も多い。「その他」の割合も高かったが、その詳細としては「働きかけているが進展しない」「連携を働き

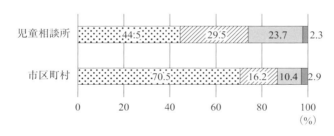

図 2-3　民間団体との連携の有無[174]

174）以下の図は、公益財団法人日本財団（厚生労働省平成 27 年度子ども・子育て支援推進調査研究事業）「『地域における児童虐待防止対策推進に資する調査研究』調査結果報告書」を（2016）参照して作成。

第二章　現行法律・制度および支援上の問題

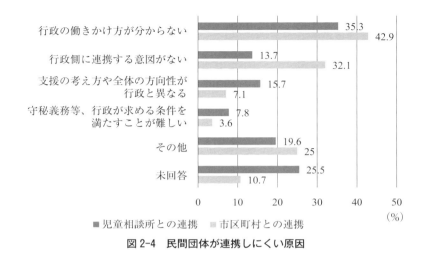

図 2-4　民間団体が連携しにくい原因

かける熱意が続かない」という回答があったと報告されている。市区町村と児童相談所に対して同内容を訊いたところ、双方で「民間団体の活動に関する情報が不足している」（市区町村 42.4％、児童相談所 52.5％）が最も多かった。同調査結果によると民間団体も市区町村・児童相談所も情報の不足が連携を阻害する要因として作用していることが分かる。

第二節　法律上の問題

　家庭内暴力の被害者を保護・支援するにあたり、その業務に係る機関の協力および情報共有が重要であることは、配偶者暴力防止法・児童虐待防止法などにおいて明確に定められている。各機関が家庭内暴力の被害者を保護・支援する上で生じうる諸問題を、協力して解決できれば、被害者への総合的な援助が可能となるため、機関の協力は不可欠である。しかし、法律で定められているにもかかわらず、各機関相互の連携がうまく機能していないと、広く指摘されている[175]。この問題を根本的に解決するための対応策を講じ

るべきである。

　現在日本では、家庭内暴力の類型である配偶者暴力や児童虐待などに取り組むためにそれぞれの法律が制定されている。対象に応じて法律を制定することによって、対象の特性に合わせて被害者を保護・支援することが可能になる。一方、被害に対応するための中心的な機関とされているのは、それぞれの法律ごとに異なっている。たとえば、配偶者暴力防止法においては、配偶者暴力相談支援センターを、児童虐待防止法においては、児童相談所や児童福祉施設を中心に支援を行うこととしている。被害者の保護・支援に係る機関が、異なる法令を根拠にして活動することが、円滑な機関の連携を阻害する要因の一つになっていると思われる。

　韓国では、家庭内暴力を予防し、被害者を援助するための法律として家庭内暴力の防止及び被害者保護等に関する法律（以下「家庭内暴力防止法」と表記する）と、家庭内暴力の処罰等に関する特例法（以下「家庭内暴力処罰法」と表記する）[176]とがある。後者は、家庭内暴力が単に私的な問題にとどまらず、国家が積極的に介入しなければならない重大な問題であるという認識に基づき、暴力行為者を矯正し、家庭の平穏を守るために迅速な取り組みを行うために制定された[177]。この法律の制定によって、家庭内暴力の被害者を援助する際、発生した様々な問題が、相当部分解決された。すなわち、被害者に対する総合的な対応が可能となり、国家が迅速に家庭の問題に介入し、被害者を保護しつつ、加害者の矯正を図ることができるようになった。日本においても、配偶者暴力と児童虐待などの家庭内暴力に対して、各々の共通点を取り出し、総合的な法律を制定することを検討すべきである。

　一般的な暴力と異なる家庭内暴力の特徴は、親密な関係の人による暴力、

175）梶原田鶴「警察における配偶者からの暴力事案への対応」法律のひろば第61巻第6号（2008）13頁、那須修・前掲注（132）278頁、法施行研究会編・前掲注（44）344頁以下など。

176）「家庭内暴力の防止及び被害者保護等に関する法律」と「家庭内暴力の処罰等に関する特例法」は、1997年12月31日制定、1998年7月1日から施行された。

177）キムウンフェ・前掲注（13）278頁以下。

第二章　現行法律・制度および支援上の問題

反復的に暴力を受ける恐れなどによって被害者に多大な心理的ダメージを与えることである[178]。家庭内暴力は、外形的には同じ暴力であっても、発生背景から特徴まで一般的な暴力と区別されるため、その対策を講じる際、特別なアプローチが必要である。したがって、家庭内暴力により適切に対処するためには、統一性を持つ特別法である「ファミリーバイオレンス法」を制定し、積極的に対処する必要がある。

第三節　加害者への対策

　かつて私的領域における国家の介入を忌避する傾向があったが、家庭内暴力が深刻な社会問題となったことにより積極的な取り組みが求められるようになった。当該問題に関する従来の議論は、家庭内という私的領域への法的介入の是非や被害者に対する救済・支援などが中心であり、加害者への対応策については十分に検討されてこなかった[179]。家庭内暴力はエスカレートしたり、繰り返し発生する傾向にあるため、加害者の暴力行為をやめさせる対策を講じない限り、家庭内暴力の根絶は難しいだろう。暴力を抑止するため、加害者に短期自由刑などの刑罰を科すことは、暴力の抑止の効果よりむしろ、副作用が生じる恐れもある。具体的に①期間が短くて十分な教育ができず、また威嚇力もないこと、②執行設備も訓練された職員もなく悪風感染しやすいこと、③家族に物質的精神的な困窮をもたらすのみで、受刑者の釈放後の社会復帰も困難にさせることなどがある[180]。暴力をやめさせるため

178）キムウンフェ・前掲注（13）66 頁以下。

179）信田さよ子「DV 加害者へのアプローチ―DV 加害者更生プログラムの実践経験から」保険の科学第 56 巻第 1 号（2014）31 頁、朴元奎・前掲注（134）431 頁以下。

180）短期自由刑の弊害については、木村裕三/平田新『刑事政策概論第 4 版』（成文堂、2008）128 頁、大谷實『刑事政策講義』（弘文堂、2013）125 頁以下、斉藤静敬/覺正豊和『刑事政策論』（八千代出版、2011）120 頁以下、川出敏裕/金光旭・前掲注（135）84 頁以下参照。さらに、暴力をふるわれても多くの被害者は加害者から分離

124

には、加害者にとって家庭内暴力がどのような行為であるかを理解させ、改善指導をすることが効果的であろう[181]。

　家庭内暴力の関連対策を講じる際には、被害者支援とともに加害者対策を立てることが不可欠であると考えられる。家庭内暴力被害者の中には、暴力を受けたにもかかわらず、加害者との親密関係、社会的・経済的依存関係により加害者との関係継続や家族関係の修復を望んだり、加害者のもとに帰りたがる場合もある。離れて自立しようとする場合であっても、加害者につきまとわれるケースが多いため、加害者を矯正させない限り被害者は新たな被害を受ける恐れがある。そして、被害者が加害者と絶縁した場合であっても、暴力を振るった加害者がそのままであることは、別の者が新たな被害者となる可能性があることを意味する[182]。したがって、家庭内暴力の対策には被害者の保護・支援とともに加害者対策が重要である。

　既に検討したように、家庭内暴力加害者の更生について、児童虐待防止法においては、直接規定されておらず、児童の保護・親子の統合の観点から保護者に対する指導を行うことが規定されている。また、その指導の具体的な期間・方法等については規定されておらず、このような指導を受けることは勧告にとどまっている。同勧告に従わなかった場合（保護者が指導を受けない場合）、児童を一時保護し、虐待をした保護者と児童を分離させる。保護者が同勧告に従わず、その監護する児童に対し親権を行わせることが著しく当該児童の福祉を害する場合は、必要に応じて適切に親権を制限する。しかし、これらの指導が、暴力の抑止にどの程度効果があるか疑問であり、効果があるとしても暴力行為者が指導を受けることを拒否すれば、指導を受ける

　されることについて不安や悩みを抱えている。暴力をふるわれて離婚や別居をすることを考えた者の不安や悩みについて調査した結果によると、「収入がなく、生活していく目途が立たないと思った」「別れても行くところがないと思った」という回答が多かった。坂本佳鶴恵・前掲注（42）403 頁。

181）法執行研究会編・前掲注（44）239 頁以下。

182）川上千佳「我が国における DV 加害者への取り組みの現状」奈良女子大学社会学論集第 10 号（2013）162 頁。

第二章　現行法律・制度および支援上の問題

ことなく、しかも、親権の喪失・停止以外に暴力行為者に対して直接的に加えられる不利益（刑罰）がなく、拘束力がないため、加害者の更生に対して役に立つとは期待できない。

一方、配偶者暴力防止法において、加害者の更生のための指導方法等に関する調査研究を推進することが、国及び地方公共団体の義務とされている。そこで、2002 年から内閣府は、「配偶者からの暴力の加害者更生に関する調査研究」として、イギリス、ドイツ、韓国、台湾における加害者更生の制度について調査を行った。2003 年には、加害者が再び暴力を振るうことの無いようにする教育的働きかけである「加害者更生プログラム」の内容について、カナダ、アメリカにおける海外調査を含む調査研究を行った。また、これらの結果に基づいて、日本の加害者向けプログラムの内容等について検討した後、「配偶者からの暴力に関する加害者プログラムの満たすべき基準及び実施に際しての留意事項」を取りまとめた。2004 年には、同留意事項に基づき地方公共団体の協力を得て、試行的な実施を含む調査研究を行った。その後、2005 年には配偶者からの暴力の加害者更生に関する検討委員会（以下「検討委員会」と表記する）が立ち上げられ、「配偶者からの暴力の加害者更生に関する検討委員会報告書」が取りまとめられた。同報告書は、2004年の試行結果等を踏まえ、有職者 6 人からなる配偶者からの暴力の加害者更生に関する検討委員会において、加害者更生プログラムの可能性と限界について検討した結果を取りまとめたものである。同報告書では、今後の加害者更生プログラムのあり方について、実施の枠組みや対象者が大きく異なる任意参加による実施と義務付けによる実施の二つの方法について別々検討した。

まず、任意参加による加害者更生プログラムの実施については、現時点においては国が本格的な関与を行う条件が整っていないと言わざるを得ないとしたうえ、地方公共団体等における実施は各機関・団体の判断によるが、これまでの調査研究で明らかになった留意事項等を踏まえて実施されることが望ましいとした。義務付けによる加害者更生プログラムについては、任意参加による実施と比べて参加者の確保、被害者の安全確保について有利な点が

あり、様々な方法について別途検討が行われることが望ましいとした[183]。

2010年の第3次男女共同参画基本計画と2015年の第4次男女共同参画局基本計画において、再犯予防の観点から、女性に対する暴力の加害者に対し、引き続き、強制処遇、社会内での加害者更生プログラムについて、その効果的な実施方法を含めた調査研究を実施することとなっている。こうした加害者対応の必要性の高まりを踏まえ、2016年検討委員会は、「配偶者等に対する暴力の加害者更生に係わる実態調査研究事業」報告書を取りまとめた。同報告書では、都道府県及び政令指定都市（総数67カ所）を対象に、加害者更生に関する取り組みについて調査をした。調査の結果によると、加害者更生に関する取り組み（[図2-5]）[184]の実施の有無について訊いたところ、14.9％が実施していると回答した。また、4.5％の自治体が加害者更生に関する調査研究を行っている（又は行っていた）と回答した。さらに、加害者

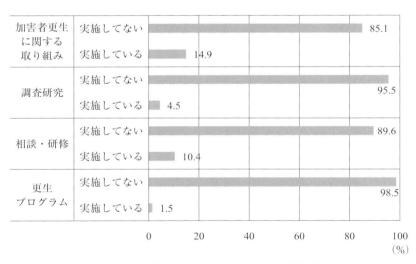

図2-5　加害者更生に関する取り組みの実施状況

---
183)「配偶者からの暴力の加害者更生に関する検討委員会報告書」の概要（2006）。
184) 加害者更生に関する取り組みは、例えば、調査研究、加害者更生プログラム、相談・研修等を含む。

第二章　現行法律・制度および支援上の問題

更生プログラムを実施している（又は実施していた）自治体は1.5%であり、加害者更生に関する相談・研修等については、10.4%の自治体が実施していると回答した。加害者に関する調査研究及び更生プログラムを実施していない（又は実施する予定がない）理由を訊いたところ、「加害者更生に関する情報が少なく、どのような取り組みを行ってよいかが不明なため」が82.0%で最も多かった。それに続いて「管内に加害者更生に関する専門家・民間団体がないため」（42.6%）、「町内において加害者更生事業に係わる人員や財源を確保することが困難なため」（42.6%）の順となっている。

　このような結果から、加害者更生に関する情報が少ないことと、専門知識を持っている人材の不足の問題が解決されない限り、加害者更生に対する積極的な取り組みは不可能である思われる。この問題を解決するための方法を講じるとともに、諸外国の事例を検討し、加害者更生に関する情報・ノウハウ及び効果を検討すべきである。

第三章　問題解決へ向けた提言

　本章では、家庭内暴力についてどのような制度を設けているか、
アメリカ合衆国と韓国の例を検討する。

第一節　アメリカ合衆国の制度

　以下では、配偶者暴力・児童虐待などの家庭内暴力が一つの家庭において
重複発生する可能性があることを考慮して、当該家庭への対応に関する勧告
を定めたアメリカ合衆国の諸政策について検討する。これらの検討結果は、
家庭内暴力被害者を保護・支援する機関にとって有益な資料になると思われ
る。また、日本においては、加害者更生に対する取り組みの必要性が高まっ
ているものの、具体的な方法・ノウハウや加害者更生の効果など関連情報の
不足が取り組みへの阻害要因として指摘されている。先駆けてこれらの研究
が行われ、その成果が蓄積されているアメリカ合衆国の制度について考究す
る。

一　グリーンブック

（一）グリーンブック・イニシアティブ政策の背景

　グリーンブック・イニシアティブは、Effective Intervention in Domestic
Violence and Child Maltreatment Case: Guidelines for Policy and Practice（家庭内
暴力および児童虐待に対する効果的な介入：政策および実施ガイドライン、

第三章　問題解決へ向けた提言

以下「グリーンブック[185]」と表記する）の通称である。同ガイドラインは、主に家庭内暴力（Domestic violence[186]）と児童虐待に取り組む各機関に、家庭内暴力と児童虐待が重複発生した家庭に対処するための勧告を明記したものである。

　アメリカ合衆国では、長い間、暴力を受けた女性を保護することより、家庭・家族関係の維持が重要だと認識されてきた。そのため、家庭内暴力の被害を受けた女性を救済する法的手段を積極的に講じることなく、深刻な被害が発生しない限り放置された。ローマ法上の「親指の法則（the rule of thumb)」がコモンローにおいて承認され、夫が自分の妻や子どもに制裁を加える際に自分の親指より細いむちを使った場合は、その懲戒は容認されてきた[187]。家族に対する夫の懲戒権は、一定の範囲内で長期間にわたって認められ、家族関係の保護・維持のために、女性は犠牲された。また、家庭内暴力は、私的問題として受け入れられ、公的機関による介入が望ましくないと認識されたため、警察等の法執行機関は、このような状況を依然として受け入れてきた[188]。

　1820年のブッラドリー（Bradley）事件[189]で、被告人（夫）は、ブッラド

185）同ガイドラインの表紙が緑色（Green, グリーン）であることから、グリーンブックと呼ばれている。

186）本章では、グリーンブックにおける、Domestic Violence を家庭内暴力と訳する。グリーンブックでは、Domestic Violence の代表的な類型である配偶者暴力（特に妻に対する夫の暴力）を中心に説明しているが、内容を鑑みれば、男女間の暴力に限定しておらず、総合的な意味として家庭内で発生する暴力を意味すると把握できる。また、児童虐待が家庭内暴力に含まれるにもかかわらず、別途に列挙していることは、家庭内「暴力」と児童「虐待」を区別するとともに、両者が同時に発生する可能性があることについて強調するためであると把握できる。

187）Prentice L. White, Stopping the Chronic Batterer Through Legislation: Will It Work This Time?, 31 PEPPERDINE LAW REVIEW 714-715（2004）.

188）David B. Mitchell, Contemporary Police Practices in Domestic Violence Case: Arresting The Abuser Is It Enough?, 83 THE JOURNAL OF CRIMINAL LAW & CRIMINOLOGY 214（1992）.

189）Bradley v. State 1 Miss. 156（1824）.

第一節　アメリカ合衆国の制度

リー（妻）を殴って、怪我させたことによって起訴された。同事件に対して裁判官は「夫は、相応しい方法で妻を身体的に懲戒する合理的権利があり、その場合、夫は不法な暴力（assault and battery）で訴追されない」との判決を下した[190]。しかし、1876 年のフルガム（Fulgham[191]）事件で「夫が妻を身体的に懲戒することは認められない」とされ、その後、1876 年からいくつかの州で妻に対する暴力を禁止する法律が制定された。それにもかかわらず、警察等の法執行機関は、夫婦のプライバシーを侵害すべきではないとの理由から家庭内暴力を放置し、多数の家庭内暴力被害女性たちは、刑事司法システムの援助を拒否されたと訴えた。

1960 年から始まったフェミニズム（Feminism）運動では、殴られた女性の運動（Battered women's movement）をきっかけとして、家族間の暴力の深刻さが社会的に認識された。世論も家庭内暴力に対して消極的に介入する態度を批判して積極的な介入が求められるようになった。これを受けて暴力を振るわれた女性たちが緊急時に避難できるシェルターが開設されたことにより、本格的に家庭内暴力問題に取り組まれるようになった。各州も、家庭内暴力に対する不介入の原則に固執せず、積極的に対応するようになり、1976 年ペンシルベニア州において最初の保護命令を規定した家庭内暴力防止法が制定された。その後、1989 年までにアメリカ合衆国の 50 の州において家庭内暴力に関する法律が制定された[192]。

各州に家庭内暴力被害を救済できる法律が成立したにもかかわらず、警察は家庭問題に対して「最小限の介入」しか行わない事が基本原則であったため、消極的な態度を維持してきた。そこで、家庭内暴力の事件を担当した多くの弁護士は、州又は市に対して警察の義務的逮捕と検察の強制的起訴に関

190）HON D. KIESEL, supra note 57, at 23-24.

191）Fulgham v. State, 46 Ala. 143（1871）, Reva B. Siegel, "The Rule of Love": Wife Beating as Prerogative and Privacy, 105 The Yale Law Journal 2122-2123（1996）.

192）Sally F. Goldfarb, Reconceiving Civil Protection Orders for Domestic Violence: Can Law Help End The Abuse without Ending The Relationship?, 29 CARDOZO LAW REVIEW 1503（2008）.

131

第三章　問題解決へ向けた提言

する法律の制定を要求したが、こうした政策に対しては批判する見解もあった。そのため、全ての州が、警察の義務的逮捕について定めた立法を行ったわけではなく、州ごとに義務的逮捕型、裁量逮捕型、混合型等に分かれている。1990 年代初めまでは、家庭内暴力に対する立法や制度は、連邦政府レベルではなく、州や地域ごとに行われた。連邦政府は、被害女性の避難所（シェルター）提供又は被害者へのサービス提供のために必要な基金を援助するにとどまった[193]。

　その後、1994 年 9 月 13 日、ビル・クリントン政権下で「女性に対する暴力禁止法（Violence Against Women Act、以下「VAWA」と表記する）」[194]が連邦法として成立した。VAWA は、配偶者暴力や性暴力を厳しく処罰することだけではなく、当該被害者を保護するための制度を規定する等、当時、画期的な立法と評価された[195]。具体的には、各州に対して女性への暴力防止対策を講じることを義務化するとともに、当該加害者を義務的に逮捕する政策を採用する州に対して連邦政府から財政的な支援をすることによって、多くの州が同政策を採用するように促進した。VAWA の成立によって、関連法令の改正と共に迅速な法的介入の必要性が高まった。

　また、連邦法として同法が成立したことも重要である。アメリカ合衆国の司法体系の特徴は、原則として州法が適用されるため、連邦政府が介入できる犯罪は多くない。しかし、同法の成立によって、女性に対する暴力は地域に係わらず、連邦法によって同様に適用されるようになった。したがって、州ごとに相違のあった配偶者暴力防止施策を統一的に施行することが可能となった[196]。その他、性暴力を含む女性への犯罪に対して警察、検察等の刑

193）ホンチュンイ「家庭暴力関連法制の改革―民事保護命令制度の導入と関連して―」家族法研究第 25 巻第 2 号（2011）343 頁以下。

194）同法は、犯罪防止法（The Violence Crime Control and Law Enforcement Act）の一部（第四編）として成立した。Lisa N. Sacco, The Violence Against Women Act: Overview, Legislation, and Federal Funding, CONGRESSIONAL RESERCH SERVICE 2 (2015).

195）青山彩子「米国におけるドメスティック・バイオレンスへの対応（上）」警察学論集第 52 巻第 1 号（1999）108 頁。

第一節　アメリカ合衆国の制度

事司法機関の積極的な対応が義務付けられたことにも意義があるだろう[197]。

　アメリカ合衆国が児童虐待を対策が必要な問題として認識したのは、1960年代からである[198]。この時期から児童を親の所有物と認識することから離れて、児童に様々な権利を与え、虐待された児童を保護・支援する方策が考究された。そして、各州は法を制定して児童福祉施設を開設したが、これには統一性がなかった。1974年に連邦政府は、国立児童虐待対応センター（the National Center on Child Abuse and Neglect：NCCAN）を設置し、児童虐待に対して総合的、統一的に対応し始めた[199]。このような過程を経て家庭内暴力と児童虐待に対して統一的な対策を立てるようになった。

　アメリカ合衆国では、1990年初頭から家庭内暴力と児童虐待が同一の家庭で頻繁に発生し、両者は密接な関係にあることがよく指摘されてきた。カーター（J. Carter）は、家庭内暴力と児童虐待に対して「一つの家庭内暴力が存在すれば、他の類型の暴力が存在する可能性が非常に高い。そして児童が配偶者の間の暴力を目撃した衝撃は、親から直接的な暴力を受けることに非常に類似する」と述べた[200]。また、アメリカ合衆国の児童保護機関の分析によれば、児童が致命的な傷害を受けた家庭の40％には家庭内暴力が存在したと報告した。児童虐待と家庭内暴力（配偶者暴力）の関係および児童虐待を誘発する要因としての家庭内暴力の重要性については、「危険な環境の児童研究（study of at-risk children）」を通じて確認できる。カルテに基

196）小島妙子・前掲注（46）75頁以下。

197）イチャンム「米国の女性暴力防止法施行の影響及び効果に関する研究」刑事政策第16巻第1号（2004）283頁以下。

198）アメリカ合衆国は、1960年代に入って児童虐待に対して積極的に対処した。このきっかけになった事件がKent v.（1966）とGault（1967）である。INGER J. SAGATUN, CHILD ABUSE AND THE LEAL SYSTEM 9（1995）.

199）INGER J. SAGATUN, supra note 198, at 10.

200）JANET CARTER, DOMESTIC VIOLENCE, CHAIL ABUSE, AND YOUTH VIOLENCE: STRATEGIES FORPREVENTIONAND EARLY INTERVENTION, FAMILY VIOLENCE PREVENTION FOUND（2005）, available at http://www.mincava.umn.edu/ link/docum ents/fvpf2/fvpf2.shtml.

づいて調査を実施したスターク（E. Stark）とフリクラフト（A. H. Flitcraft）
の研究では、「毎年、児童虐待およびネグレクトを理由として病院に来るケー
スのうち45％のケースの加害者は、妻にも暴力を振るった」と報告した。
また、配偶者暴力が発生した家庭は、配偶者暴力が発生しなかった家庭と比
較して児童虐待発生率が約3倍高かったと報告されている[201]。児童虐待と
家庭内暴力の重複は、家族、児童、女性の安全確保の任に当たる裁判所、児
童・家族支援機関の領域で次第に重要になっていた[202]。

　グリーンブックは、家庭内暴力と児童虐待の重複発生可能性への認識に基
づいて、それらに取り組むための協力体制を構築することを目的として作ら
れた。代表的な協力体制の例として、マサチューセッツ、ミシガン、サン
ディエゴの事例が挙げられる。マサチューセッツ州社会福祉省（The
Massachusetts "Department of Social Services、以下「DSS」と表記する"）の
家庭内暴力部は、児童保護機関が児童保護に関する政策を講じる際に、初め
て家庭内暴力に関する専門知識を反映させた。1987年DSSは、殴られた女
性の擁護者とともに共同計画を立て始めた。1989年幼児が母親に暴力を振
るった者によって殺害された後、DSSは、家庭内暴力への対応を強化する
ために、プロジェクトを始めた。同プロジェクトは、複数の暴力被害者がい
る家庭に対する支援が非常に重要であることを強調した。こうした取り組み
は、引き続き行われ、児童保護に係わる者と殴られた女性の擁護者との連
携・協力は徐々に増加した。

　ミシガン州のDSSは、被害が深刻化する前に、家族間の問題を解決する
政策を打ち出した。同政策は「ミシガンファミリーファースト（Michigan
family first）」として知られており、4〜6週間家庭内の危機へ集中的に介入
するプログラムである。同政策の目標は、家族のニーズに合わせた支援を提

201）HON D. KIESEL, supra note 57, at 782-783.

202）THE GREENBOOK NATIONAL EVALUATION TEAM, THE GREENBOOK
　　INITIATIVE FINAL EVALUATION REPORT（2008）available at
　　http://www.thegreenbook.info/documents/FinalReport_Combined.pdf.

供し、各々の家族構成員の特徴の確認・理解に基づいて、全ての家族構成員が一緒に安全な生活送るように促進することであった。

サンディエゴ市では、1994 年、保護観察部（Probation Department）と児童保健局（Children's Services Bureau）のケース管理活動の向上によって家庭内暴力被害者の保護に資することを目指したファミリーバイオレンス被害者保護プロジェクト（the Family Violence Project to improve protection for victims of family violence）を立ち上げた。同プロジェクトのメンバーは両機関の職員から構成され、被害者の安全を最大化し、二次被害を最小化するために、児童の保護制度と成人に対する保護観察制度の融合を試みた[203]。

このように家庭内暴力が発生した家庭では児童虐待が重複発生する可能性が高く、両者は多くの関連性を持っているため、総合的な対策を設けなければならなかった。両者の密接な関係にもかかわらず、当時の、家庭内暴力被害者である児童と成人に対する様々な援助は、独立して行われ、また、両者の関連性について正しく認識されていなかった。そこで、暴力が発生した家庭において複数の被害者がいる場合、当該被害者たちの安全を保護するために、児童保護機関と家庭内暴力被害者保護センターが協力して被害者保護に資することができるのか、母親が暴力を受けた場合、少年裁判所（juvenile courts）は被害を受けた母親の子どもを保護する措置をとることができるのか、コミュニティは暴力の被害者である母親とその子どもを保護できるのか、また、暴力行為者に当該暴力行為への責任を負わせることができるのかを検討した。アメリカ合衆国では、これらの課題を解決するための政策を講じることが高く求められた[204]。そこで、この要請に対応するためにグリーンブック政策が登場するようになった。

203）THE GREENBOOK NATIONAL EVALUATION TEAM, supra note 202, at 3-4.

204）NATIONAL COUNCIL OF JUVENILE AND FAMILY COURT JUDGE, EFFECTIVE INTERVENTION IN DOMESTIC VIOLENCE AND CHILD MALTREATMENT CASE : GUIDELINES FOR POLICY AND PRACTICE 4 (1999).

（二）グリーンブック政策の成立過程

　アメリカ合衆国では、1990 年代後半から、児童虐待と家庭内暴力の重複発生に関する関心が高まり、それに従い、関連政策にも変化が見られた。当初アメリカ合衆国では、州ごとに法律や家庭内暴力と児童虐待に対応する各機関の理念や専門用語が異なり、さらに被害者を支援する際に得た情報の守秘義務をめぐる葛藤も頻繁に発生した。このような問題は、家庭内暴力被害者および児童虐待被害者を援助する際に障害となるため、各機関の協力は不可欠であった。しかし、異なる目的、理念、業務、体制などで関係機関の連携はスムーズに行われていない状況が指摘されていた。これをきっかけに各機関の協力の下で児童虐待被害者・家庭内暴力被害者を共に支援することを目指した総合的な対策を講じて、法執行機関、児童保護機関、家庭内暴力被害者支援機関、コミュニティなどを中心に、家庭の中で暴力が重複発生した場合、機関間の協力を通じた効果的な支援を行うことが強調された。

　1998 年、家庭内暴力に対する適切な対応のために家庭内暴力・児童虐待の専門家から構成された「少年・家庭裁判所裁判官全国委員会（National Council of Juvenile and Family Court Judges。以下「NCJFCJ」と表記する）」が設けられた。NCJFCJ は、まず裁判所や社会福祉機関、法執行機関、家庭内暴力被害者支援機関、学会などの多様な集団から成り立った委員会を創設し、全国の 200 個の推薦プログラムの中から選別した 35 個のプログラムの内容をまとめた。これが 1998 年発行された「Family Violence: Emerging Programs for Battered Mother and Their Children（家庭内暴力：殴られた母子のためのプログラム）」である。それに続き、NCJFCJ は裁判所や児童福祉機関、家庭内暴力被害者支援機関、連邦機関、学会の専門家からなる委員会を招集した。この委員会が 1999 年に発行したものが「グリーンブック」である[205]。

---

205) 尾崎万帆子・前掲注（151）21 頁。

第一節　アメリカ合衆国の制度

（三）　ガイドラインの提示— 67 の勧告

　グリーンブックにおいて、児童保護機関、家庭内暴力被害者支援機関、裁判所は、該当事件における相互の連絡を通じて、個々の家庭内暴力事件に見合った援助をし、できるだけ早く被害者を危険から救わなければならないとされている。グリーンブック政策は、家庭内暴力の被害者に対してそれぞれ支援を行ってきた諸機関が、協力システムを通じて被害者の安全・幸福を保障するために共同して努力をする点に大きな意義がある。また、家庭内暴力被害者支援の関係者に家庭内暴力と児童虐待が重複して発生する可能性があるという認識を高め、ガイドラインを提示し、統一的な支援を可能にした。グリーンブックでは、男女間の暴力のうち主に女性が被害者になるケース、すなわち、殴られた妻への取り組みについて議論している。立案者やアドバイザーは、男性に対する暴力が発生する可能性があることを認識していないわけではない。しかし、アメリカ合衆国の国家統計局によると、全ての家庭内暴力のうち、男性が被害者になるケースは、約 5％に過ぎない。このように、家庭内暴力や虐待は主に男性によって行われ、女性が被害者になる場合が多いため、グリーンブックにおいて、家庭内暴力の成人被害者としては、主に殴られた女性又は妻が検討されている[206]。

　グリーンブックは 5 つの章で構成され、各々の章では、家庭内暴力事件を扱う際、遵守しなければならない 16 個の原則（principle）が示されている。さらに、この原則に基づいて具体的な内容を書いた 67 個の勧告（recommendation）がある［表 3-1］。たとえば、第一の原則においては、家庭内暴力の被害者を保護・支援し、加害者への対策のために、コミュニティのリーダーと関係機関が協力しなければならないとされており、この下で児童虐待・家庭内暴力被害者を援助するための各機関の具体的な義務や役割を

---

206) NATIONAL COUNCIL OF JUVENILE AND FAMILY COURT JUDGE, supra note 204, at 5.

第三章　問題解決へ向けた提言

表 3-1　グリーンブックの構成及び内容

章	原則	内容
CHAPTER 1: GUIDING FRAMEWORK 第 1 章　指針の枠組	1	コミュニティのリーダー及び関係機関は、家庭内暴力や児童虐待への対応（身体的暴力からの被害者保護、家族に対する十分な社会的・経済的支援など）を確立するために協力しなければならない。また、コミュニティは、加害者へ暴力行為に対する責任を負わせ、加害者の暴力行為をやめさせるための多様な法的介入と社会的支援を提供しなければならない（勧告 1〜4）。
CHAPTER 2: FOUNDATION PRINCIPLES AND RECOMMENDATIONS 第 2 章 基本原則と勧告	2	児童保護機関・家庭内暴力被害者支援機関・少年裁判所（以下「関係機関等」と表記）、隣人は、家庭内暴力の被害を経験した家族の安全・福祉のため、コミュニティと協力するようにリーダーシップを発揮しなければならない（勧告 5〜7）。
	3	連邦政府、州、自治体と関係機関は、家庭内暴力の被害を経験した家族の安全・福祉のため、財源の拡充・再分配しなければならない（勧告 8）。
	4	関係機関等は、当該機関に訪れた全ての人の尊厳を尊重しなければならない（勧告 9〜10）。
	5	児童保護機関、家庭内暴力プログラム、少年裁判所は、暴力が重複した家庭への対応のために、内部能力を向上しなければならない（勧告 11〜12）。
	6	少年裁判所と児童保護機関は、情報公開に関する政策・決定をするとき、①児童安全確保と虐待事実の証明のために情報を要求することと、②被害者の安全のための施策を立て安全を維持するためにその情報を秘密にする必要性とのバランスを考慮しなければならない（勧告 13〜14）。
	7	連邦政府、州、自治体の機関は、情報収集と評価システムの開発と、家庭内暴力が被害者を援助した際の協力が意図したものなのか否かを評価するために、協力しなければならない（勧告 15）。
CHAPTER 3: CHILD PROTECTION SYSTEM 第 3 章　児童保護制度	8	児童保護機関と地域児童福祉機関は、家族の安全を向上させるための追加的な財源の必要性と新たな援助の発展を図るためリーダーシップを発揮するため、家庭内暴力被害者支援機関と少年裁判所と協力しなければならない（勧告 16〜17）。
	9	児童保護機関は、家族の安全のために自ら能力を向上させなければならない（勧告 18）
	10	児童保護に業務上関係のある者は、家庭内暴力加害者に責任を負わせるとともに、被害者の安全・安定・福祉に焦点を当てた支援計画を発展させなければならない（勧告 19〜27）。

第一節　アメリカ合衆国の制度

CHAPTER 4: DOMESTIC VIOLENCE SERVICES FOR FAMILIES 第4章 家族のための家庭内暴 力に対する支援	11	家庭内暴力被害者支援機関は、児童保護機関、児童福祉機関、少年裁判所、その他コミュニティパートナーとの協力の際、児童と成人の安全と福祉のために新しい財源を発展させるとともに、協力の促進に資するように、リーダーシップを発揮しなければならない（勧告28〜33）。
	12	家庭内暴力被害者支援機関は、家庭内暴力を経験した家族の支援と安全のために能力を向上させなければならない（勧告34〜39）。
	13	刑事司法的対応とコミュニティ援助との協力を通じた家庭内暴力加害者に対する介入は、拡大されるべきであり、加害者の暴力行為・暴力の抑止のために加害者に責任を負わせなければならない。さらに、成人・児童双方被害者の安全と幸福のために取り組まなければならない（勧告40〜43）。
CHAPTER 5: COURTS 第5章　裁判所	14	裁判官とその他の関係者は、少年裁判所の改善のため、国家と自治体と共に努力しなければならない（勧告44〜52）。
	15	少年裁判所の運営責任者は、裁判官である。少年裁判所に係わる者は、裁判官に対して少年裁判所法の義務を果たし、目的を達成することを期待している。裁判官は、少年裁判所法の目的を実現するために、リーダーシップを発揮する責任を負わなければならない（勧告53〜57）。
	16	少年裁判所システムに係わる者は、家庭内暴力、児童虐待のケースに取り組むため、最善の事例を受け入れなければならない（勧告58〜67）。

決めた4個の勧告が示されている[207]。勧告は全部で67個あり、少年裁判所、児童保護機関、家庭内暴力被害者支援機関などを中心に、家庭内暴力と児童虐待が重複発生したケースへの対応や支援方法などが書かれている。

207）勧告1　児童保護機関、家庭内暴力被害者支援機関、少年裁判所とコミュニティの機関は、児童と家族の安定、幸福、安全のために介入しなければならない。勧告2　児童福祉司と少年裁判所の職員は、虐待や家庭内暴力に影響を受けた児童の安全を確保・維持するために努めなければならない。成人被害者の安全を保障することと暴力をやめさせることは児童から危険を除去し、永続な地位を与えるため重要である。勧告3　児童保護機関、児童福祉機関のリーダーやDV被害者保護機関のプログラムは、家庭内暴力・児童虐待を経験した家族の安定や安全を図るためにコミュニティサービスを創造すべきである。勧告4　児童保護機関・児童福祉機関のリーダーと家庭内暴力被害者支援機関は家庭内暴力や児童虐待を経験した家族の様ざまなケースに応じて柔軟な取り組みをするべきである。NATIONAL COUNCIL OF JUVENILE AND FAMILY COURT JUDGE, supra note 204, at 14.

第三章　問題解決へ向けた提言

　第1章では、家庭内暴力被害者のための安定、幸福、安全に関する原則及び家庭内暴力行為者に対して責任を負わせること等、家庭内暴力への対応に関する総合的な原則が規定されている。第2章では、家庭内暴力と児童虐待が重複発生した家庭における被害者援助のための少年裁判所、児童保護機関、家庭内暴力支援とコミュニティの対応原則が定まっている。具体的には、家庭内暴力被害者への対応のために関係機関が協力しなければならないこと、財源を確保すること、能力を向上させること、情報公開に関する基本ルール等について勧告している。第3章では、児童の保護のために、児童保護機関・地域児童福祉機関と家庭内暴力被害者支援機関・少年裁判所は協力しなければならないこと、家族の安全を守るために自ら能力を高めること、加害者に責任を負わせるとともに、被害者の安全・安定などに焦点を当てた支援をしなければならないこと等が規定されている。第4章では、家庭内暴力被害者支援機関と児童保護機関、少年裁判所などとの協力について定めた後、成人だけではなく、児童の安全を確保するために努力することと、加害者の暴力行為を抑止するために介入すること等が勧告事項として書かれている。第5章では、家庭内暴力被害者を援助するため児童保護機関、家庭内暴力被害者支援機関、少年裁判所の役割・対応指針が示されている。

　［表3-2］は、グリーンブックの勧告を目的ごとに細分化したものである。勧告は、協力の促進、暴力重複発生の選別・評価、被害者への支援、加害者対策の項目から構成されている。こうした勧告には、画期的な内容や被害者保護に資する先端的な施策が盛り込まれているわけではない。家庭内暴力が重複発生する可能性があることに鑑み、関係機関や自治体などが協力して解決すべきであること、また、暴力が発生したとき、その家族を保護するために、各機関の能力を向上させ、支援計画について考究し、発展させること、各場面においてリーダーシップを発揮すべき機関を明記すること等、各機関の努力事項や、機関・地域を超えた支援が原則として定められている。こうした取り組みが重要であることについては、日本においてもすでに認識されている。しかし、関係機関や自治体などに共通の原則や勧告事項を明記することによって、共通の目的を達成するため、根拠になるルールが設けられた

第一節　アメリカ合衆国の制度

表 3-2　勧告の内容

目的	勧告番号	勧告内容
積極的な協力	5, 7, 10, 29, 42, 54	・家庭内暴力と児童虐待を受けた家族に対して支援するとともに、被害者の安全・幸福のため、家庭内暴力支援機関、児童保護機関、児童福祉機関、少年裁判所は、協力しつつ効果的な介入・援助をする。 ・裁判官と関係機関は協力を通じて、家庭内暴力の加害者と被害者のニーズに合わせた（その地域で可能な）救済方法について決めなければならない。
暴力の重複発生の選別・評価	18, 25, 34	・関係機関は、家族の安全を保障し、暴力重複発生の問題に取り組むために、同問題の選別・評価方法を研究する。また、職員を訓練し、同問題に対する認識を向上させなければならない。
児童・成人被害者への支援と安全保護	18〜24, 27	・児童保護機関は、家庭内暴力に対応し、家族の安全を保障するために、スタッフを訓練するとともに、選別・評価、情報システムを開発しなければならない。 ・関係機関は、子どもに虐待行為をしない（暴力を受けた）親の下で安全に残ることができるようにすべきである。 ・児童保護機関は、成人被害者と加害者のために異なる支援計画を立てるように努力しなければならない。 ・児童保護機関のケースワーカーは、虐待又は家庭内暴力の目撃によって児童に悪影響を及ぼす可能性があることについて認識しつつ、問題に取り組まなければならない。
	31, 32, 34〜39	・家庭内暴力被害者支援機関、児童保護機関等は、定期的にクロストレーニングしなければならない。 ・家庭内暴力被害者支援機関は、児童虐待に対する理解、対応策などについて職員を教育しなければならない。 ・（家庭内暴力の）シェルターは、被害者である女性とともに、12歳以上の子ども・その他の家族構成員が虐待・精神的衝撃を受ける可能性が高いことについて認識しなければならない。
加害者の責任	40〜43	・児童・成人被害者の安全と幸福を保障するために加害者介入プログラムの政策、カリキュラムなどを見直すべきである。 ・加害者介入プログラム提供者は、定期的に児童福祉機関とクロストレーニングをしなければならない。

こと、同ルールに基づいて異なる理念・仕組み・目的などから構成された機関がその相違・利害関係を越えて協力することができるようになったことが高く評価できる。

第三章　問題解決へ向けた提言

（四）　グリーンブック政策の効果

　グリーンブック政策が発表された後、その勧告を受け入れ、実行する動き
が始まった。2000 年 12 月および 2001 年 1 月に 90 件以上の申し込みを受
け、アメリカ合衆国連邦司法省と連邦保険福祉省は、コミュニティの強度や
限界、柔軟性を考慮し、勧告に取り組んでいくうえでのビジョンや資源を検
討したうえで、グリーンブック政策の効果を実証するための 6 つのコミュニ
ティ[208] を選び出した[209]。この 6 つのコミュニティ（以下「コミュニティ」
と表記する）は、3 年間連邦政府から補助金を受けながら、グリーンブック
政策の原則に沿って活動し、その結果を毎年報告する。

　グリーンブック政策効果の第一は、家庭内暴力の重複発生に対する認識の
向上である。アメリカ合衆国で家庭内暴力が行われた家庭では、他の類型の
暴力が存在する可能性が高いと主張する研究は、1990 年後半から活発に行
われており、それによって家庭内暴力は頻繁に重複し発生する事実が明らか
になった。グリーンブック政策の開始時点においても、警察・病院・家庭内
暴力被害者支援機関との連絡、被害者の自発的な申告によって、児童虐待と
家庭内暴力の重複発生は、児童福祉機関で認められていた。しかし、それぞ
れのコミュニティの児童福祉機関の選別および評価基準は実質的に統一され
ず、公式の基準があるのは全体のうち半分程度にとどまっていた[210]。6 つの
コミュニティは、グリーンブック政策の原則に沿って児童保護機関の業務を
実行し、児童虐待の選別・評価基準を統一するための多数の活動を展開した。
配偶者暴力事件においても児童に対する虐待の有無を確認するためのガイド
ラインの提供や、家庭内暴力が発生した家庭に児童がいる場合、その児童に
対する保護・支援活動をした。コミュニティの結果報告書によれば、家庭内

208）この 6 つのコミュニティとは、EL Paso County, Colorado ; Grafton County, New
　　Hampshire ; Lane County, Oregon ; San Francisco County, California ; Santa Clara County,
　　California ; and St. Louis County, Missouri である。
209）THE GREENBOOK NATIONAL EVALUATION TEAM, supra note 202, at 5.
210）尾崎万帆子・前掲注（151）24 頁。

142

暴力に関するガイドラインを遵守することによって、多くのコミュニティの児童福祉機関は児童保護において肯定的な効果を挙げたと報告した[211]。

　第二は、関係機関の協力である。重要な社会問題は一つの機関のみの努力では解決することができず、関係機関の協力が必要である。問題が発生したとき、一つの機関は発生した問題にのみ対処することができるが、関係機関が力を合わせると根本的な問題に対処することができる[212]。多数の関係機関の協力は、サービスを利用する者の要求に対応し、必要な支援を提供するために最も効率的である[213]。家庭内暴力被害者と児童虐待被害者を援助する際、関係機関の協力は各機関の欠点を補完し、障害を克服して統一的で総合的な支援を可能にするので、被害者保護のために不可欠であると言える。ところが、グリーンブック政策は、計画段階から多数の関係者などが労力と時間をかけたにもかかわらず、施行初期から協力関係を構築するために多くの問題に直面した。各機関の異なった仕組み、目的と相互の理解不足などが問題誘発の原因となった。各機関はこのような障害を克服するため、各機関のメンバーが譲歩することで力の均衡をとり、信頼関係を構築し、機関の発言権や権力のバランスを取り、コミュニケーションを活性化する努力を通じて協力関係を築き上げた。そして、関係機関のメンバーは「被害者保護業務を遂行する際、効果的な協力関係を維持するためにより多くの時間と注意を向けなければならない。協力関係を維持することは非常に難しいが、これが業務上最も大切な部分である」と報告した[214]。また、コミュニティは、グ

211）THE GREENBOOK NATIONAL EVALUATION TEAM, supra note 202, at 60.

212）NANUEL N. GOMEZ ET AL, BUILDING BRIDGES: USING STATE POLICY TO FOSTER AND SUSTAIN COLLABORATION（1993）, THE GREENBOOK NATIONAL EVALUATION TEAM, supra note 202, at 11.

213）CHRIS MILLER & YUSUF AHMAD, COLLABORATION AND PARTNERSHIP: AN EFFECTIVE RESPONSE TO COMPLEXITY AND FRAGMENTATION OR SOLUTION BUILT ON SAND 38（2000）, THE GREENBOOK NATIONAL EVALUATION TEAM, supra note 202, at 11.

214）THE GREENBOOK NATIONAL EVALUATION TEAM, supra note 202, at 23.

第三章　問題解決へ向けた提言

リーンブック政策実行初期から経験した試行錯誤に基づいて協力関係の構築
に成功したと報告した[215]。

　関係機関間の協力関係の構築に必要な場合は、相互に情報を共有すること
も非常に大切である。ある家庭で配偶者暴力と児童虐待が重複発生する場
合、加害者は同一人物である可能性が非常に高い。このように同一の加害者
によって複数の暴力事件が発生した場合、各被害者の陳述を通じて得た加害
者の情報・家庭環境などを関係機関が共有することは、被害者の保護・援助
のために重要であると考えられる。それにもかかわらず、各機関は基本的に
守秘義務を厳守しなければならず、異なる目的に基づいて活動を行う[216]た
め、協力のバランスを取ることは、容易ではなかった。しかし、各機関がグ
リーンブック政策の原則を遵守することによって機関間の情報共有政策をス
ムーズに実施することができるようになった。その結果、児童福祉機関と裁
判所の情報共有が活発に行われていると報告された。またグリーンブック政
策の実行前は、機関間の情報共有が公式的には行われず、非公式の協力だけ
が存在したが、グリーンブック政策が始まって、情報共有政策を公式化する
ための活動が好調に展開されたと報告された。情報共有の新しい政策は、特
定の状況下で情報共有は必ず行わなければならないという原則に基づいて実
施された。そして、多くのコミュニティは、裁判所と家庭内暴力被害者の支
援機関間での情報共有を促進するための新しい方針を立て、関係機関間の情
報共有を通じて総合的な被害者支援が可能になった[217]。

　第三は、家庭内暴力の被害者に対する安全の保障とニーズに合わせた支援
が可能になったことである。配偶者暴力と児童虐待などの暴力が重複発生し
た家庭を支援する目的は、家族構成員の福祉を向上させ、安全を保障するこ

215）THE GREENBOOK NATIONAL EVALUATION TEAM, supra note 202, at 60.

216）たとえば児童保護機関が児童から得た加害者に関する情報を家庭内暴力被害者
　　支援機関と共有する場合、児童保護と母親の安全を確保することのバランスをとる
　　問題が発生する。このような問題で各機関は情報共有に消極的な立場であった。

217）THE GREENBOOK ANTIONAL EVALUTION TEAM, THE GREENBOOK
　　DEMOSTRATION INITIATIVE 94（2005）.

とである。配偶者暴力と児童虐待が重複発生した家庭に対する取り組みは、大きく三つに分類できる。一つは、暴力が重複して発生することに対して職員の認識を向上させることである。具体的には、被害者の女性やその児童にもたらす危険や児童に対する安全支援の必要性、家庭内暴力の目撃が児童に与える影響、個々の家族構成員に対する個別的なサービスの必要性などがある。二つ目は、認識した児童虐待を児童福祉機関へ報告するガイドラインを作成し、改善することである。三つ目は、他機関の職員を同じ施設に配置したり、複合的な対応チームを構築することである[218]。

　グリーンブック政策の実行を通じて、暴力の重複可能性を認識し、より早く家庭内暴力に取り組むことができ、各機関の連携を通じた総合的な支援をすることができるようになった。これを実証したコミュニティの結果報告によれば、グリーンブック政策の実行後、児童虐待の被害者と家庭内暴力の被害者の支援について、裁判所関係者は若干向上したと応答した一方、家庭内暴力被害者に直接的なサービスを提供している者およびその協力機関は非常に向上したと答えた。また、彼らは、家庭内暴力関係者の教育および家庭内暴力の重複発生に対する取り組みのための児童福祉機関と家庭内暴力被害者保護機関の協力が非常に強化されたと報告した[219]。このようにグリーンブック政策の施行によって、家庭内暴力被害者の保護や支援が向上したことを確認することができる。

二　アメリカ合衆国における家庭内暴力加害者への対策

（一）家庭内暴力への介入の義務化

1　強制的介入の背景　アメリカ合衆国において家庭内暴力への対応に関する三つの連邦法は、児童虐待防止治療法（Child Abuse Prevention and Treatment Act、1974 年制定、以下「児童虐待防止治療法」と表記する）、家

218）尾崎万帆子・前掲注（151）25 頁。
219）THE GREENBOOK NATIONAL EVALUATION TEAM, supra note 202, at 60.

庭内暴力防止およびサービス法（Family Violence Prevention and Service act、以下「家庭内暴力防止サービス法」と表記する）、高齢者公正法（Elder Justice Act、2010 年制定）である。三つの中、最初に制定された児童虐待防止治療法のきっかけになったのは、1961 年にシカゴで開催された第 30 回アメリカ合衆国小児科学会年次大会で発表された「被虐待児症候群（The Bettered Child Syndrom)」という論文である。その後、連邦会議および多くの州議会において児童虐待対策の立法化に向けた社会運動が展開された。アメリカ合衆国の児童虐待に対する取り組みは、日本・韓国と比してはるかに早く、1960 年代の終わり頃までには、ほとんどの州において児童保護サービス法が制定され、児童虐待やネグレクトの疑いのあるケースの通報を義務化する規定が定められた。一方、家庭内暴力防止サービス法に関しては、児童虐待防止治療法の立法化にみられたような、特定できるきっかけはなかった。しかし、同法の立法化の背景には、1960 年代から活発化した公民権運動や女性解放運動などがあったと言えよう[220]。

　児童虐待防止治療法と家庭内暴力防止サービス法が制定された後、1980年後半から 1990 年代までのアメリカ合衆国の家庭内暴力に対する取り組みには大きな変化があった[221]。その変化とは、家庭内暴力への積極的な介入が行われたことである 。たとえば、警察が家庭内暴力などの軽犯罪を目撃しなかった場合、犯罪者を令状なしで逮捕することは難しかったが、令状なし逮捕の要件が「目撃」から「推定」に変わり[222]、家庭内暴力が行われた状況から推定して令状なしで逮捕することができるようになった（令状なし

220）多々良紀夫ほか（訳）『家庭内暴力の研究：防止と治療プログラムの評価』（福村出版、2011）11 頁以下。

221）このような変化は、「殴られた女性たちの運動（Battered women's movement)」が影響を与えており、同運動は親密なパートナーによる暴力が犯罪として認識されるように重要な役割を担った。Bethany J. Price & Alan Rosenbaum, Batterer Intervention Programs: A Report from the Field, 24 VIOLENCE AND VICTIMS 757（2009).

222）Robert C. Davis ET AL, Effects of No-drop Prosecution of Domestic Violence upon Conviction Rates, 3 JUSTICE REASEARCH AND POLICY 2（2001).

逮捕：Warrantless Arrest）。また、家庭内暴力加害者の逮捕に対する警察の裁量を制限するため[223]、加害者を義務的に逮捕する制度が導入されており（義務的逮捕制度（政策）：Mandatory Arrest Policy）[224]、過半数以上の州の警察学校では、家庭内暴力に関する教育を義務とするようになった。結果的に家庭内暴力の加害者が警察によって逮捕される割合は、1992 年には 23％だったが、2003 年には 2 倍以上増加し 51％になった[225]。さらに、検事は被害者の告訴がなくても家庭内暴力の加害者を起訴することができるようになり（Victimless Prosecution）、州ごとに家庭内暴力で起訴された事件を取り下げることを厳格に規制（起訴強制制度（政策）：No-drop policy）する州も多い[226]。

　確かに、家庭内暴力に対する強力かつ強制的な措置をとることによって、被害者の安全が確保され、加害者の犯罪行為が改善される可能性があるが、

223）義務的逮捕制度が導入される前、多くの警察は配偶者暴力を法執行機関（警察）の支援が不必要な家庭の私的問題として認識した。警察は女性被害者の陳述を軽視し、加害者の逮捕について恣意的な判断をした結果、警察へ通報した後で被害者がさらに暴力を振るわれるケースが少なくなかった。このような事態を防ぐため最初にオレゴン州において義務的逮捕が定められた。義務的逮捕法により、家庭内暴力加害者の逮捕に対する警察の裁量は認められなくなった。すなわち、警察は被疑者に犯罪の嫌疑があり、逮捕の要件がそろった場合には、その被疑者を逮捕しなければならない。現在、全ての州において、同制度を施行しているため、家庭内暴力事件が発生した場合、警察は令状なしで逮捕することができる。Alexandra Pavlidakis, Mandatory arrest: past its prime, 49 SANTA CLARA LAW REVIEW VOLUME 1202 (2009), Victoria Frye ET AL, Dual arrest and other unintended consequences of mandatory arrest in new York city, 22 JOURNAL OF FAMILY VIOLENCE 397 (2007), David Hirschel ET AL, Domestic violence and Mandatory arrest law: To what extent do they influence police arrest decisions, 98 JOURNAL OF CRIMINAL LAW AND CRIMINOLOGY 255 (2007).

224）Robert C. Davis ET AL, supra note 222, at 2.

225）チャンヒスックほか「家庭暴力加害者矯正・治療プログラム及び相談条件付起訴猶予の制度分析を通じた政策方案研究」韓国女性家族部研究報告（2010）21 頁以下。

226）アメリカ合衆国は、主な警察庁 142 カ所のうち、約 66％が起訴強制制度を実施している。Robert C. Davis ET AL, supra note 222, at 3.

第三章　問題解決へ向けた提言

　一方でこれらの措置によって、状況が悪化する場合もある。さらに、このような過程において被害者が二次被害を受ける恐れもある。したがって、同国では、検察及び警察等は事件を捜査・処理する際に、被害者の安全確保と暴力再発の予測のために、危険性を評価して、その結果に合わせて適切な介入方法を選択するように勧告されている。すなわち、危険評価の結果に基づいて、被害者に対する接近禁止命令をすべきか、又は、より強力な安全措置を取るべきか等を決めるだけではなく、仮釈放の決定や処遇の方法を決める際に、裁判官は陪審員に虐待の深刻性を理解させるためのこのような情報を提供しなければならない。しかし、危険性の評価には複数の要素が影響を及ぼしており、的確に評価することは非常に難しい。また、評価の基準を標準化することは簡単ではなく、実務上、統一の基準が存在していない[227]。

　コロラド州の保護監察局は、マイケル・リンゼー（Michael Lindsey）の評価ツールに基づいて家庭内暴力行為チェックリストを作成した。その結果に基づいて、暴力行為者を評価・分類し、当該者の処遇に反映しており、下記ではその事例を簡単に紹介する。コロラド州では、いくつかの評価要素を決め、［表 3-3］のように、危険性のレベルを三段階に区別している。「危険性：低」は、主に被害者に身体的暴力を振るわない、又は、今まで、暴力の経験がない者であり、当該者には起訴猶予の処分がなされる可能性が多い。「危険性：中」に該当する者に対しては、治療プログラムに参加し、無事に修了することを条件に保護観察が言い渡されることになる。「危険性：高」は、①治療を受けても、矯正できないと評価される場合、②無秩序な生活をし、被害者に執着する場合の二つのグループに区分される。①の場合、治療プログラムの対象者として適合性が欠けているため、刑事施設に収監させる場合が多い。②の場合は、長期治療プログラム（36週以上）と集中的治療プログラムに参加させる場合が多い[228]。

227）キムウンギョン『家庭暴力犯罪対応動向と政策提言―外国の立法及び政策動向を中心に』韓国刑事政策研究院（2003）80頁以下。
228）Kerry Healey, Betterer Intervention: Program Approaches and Criminal Justice

第一節　アメリカ合衆国の制度

表 3-3　コロラド州における家庭内暴力行動チェックリスト[229]

危険性	評価要素
低	子どもの養育権に関する紛争 同居・結婚のような多重的関係（Multiple Relationships） 家庭内暴力以外の暴力による逮捕 学校、職場等における機能障害（友達がいない等）
中	子どもと接しない 数回の別居の経験 家庭内暴力による逮捕 家庭内暴力以外の犯罪経歴 接近禁止命令の違反 虐待行為の典型的なパターン 短い期間中、数回起訴される 精神病、暴力、薬物依存症、児童虐待等の家族歴 自殺に対する考え方
高	自分のパートナーを探している家庭内暴力行為者 日常生活上の障害（食事、睡眠、仕事等） 別居中、暴力の経験 家庭内暴力による逮捕 保護観察期間中、逮捕される 被害者に対するストーキング行為 自殺又は殺人の可能性 犯罪事実を否認する

　私的空間である家庭で、親密な関係にある家族間に発生する暴力への刑事
司法機関の介入は、慎重な姿勢が求められる。暴力を振るった者に対して、
厳重な刑罰を科することが、常に被害者の利益になることではない。例え
ば、加害者だけが収入を得ている場合、加害者に対して刑罰が科されたこと
により、被害者は経済的に困窮することもあるからである。コロラド州の行
動評価の基準は、被害者の安全を確保し、加害者の更生・矯正の可能性に
よって適切な処遇をするために設けられたものである。家庭内暴力の再発の
危険性、行為者に対する判断は、主観的であるため、人によって差が大きく、
高度な専門性を備えた者によって行われる場合であっても、誤った判断をす

Strategies, U.S Department of Justice 61-63（1998）.

229）Kerry Healey, Betterer Intervention: Program Approaches and Criminal Justice
Strategies, U.S Department of Justice 62（1998）.

第三章　問題解決へ向けた提言

る可能性を完全に排除することはできない。したがって、このような一定の
基準を設けることによって、同問題の発生をある程度予防することができる
ため、日本においても参考となる点が多いと思われる。

　以下では、以上の論点を念頭において、家庭内暴力に対するアメリカ合衆
国の強制的介入政策のうち、義務的逮捕制度と起訴強制制度について若干の
検討を加える。

　2　警察の義務的逮捕制度　アメリカ合衆国における家庭内暴力への認識の
変化と共に被害者・加害者への様々な対策が行われてきたが、家庭内暴力は
相変わらず増加し続けた。毎年 600 万人の女性が家庭内暴力の被害者にな
り、さらに、連邦捜査局は、10 件の家庭内暴力事件のうち、1 件だけが警察
に通報されていると推定できると報告している[230]。家庭内暴力が増加して
いること、膨大な暴力が潜在化していること等によって、家庭内暴力へのよ
り積極的な取り組みが求められた。仲裁を通じて家庭内暴力を解決しようと
した初期の警察の態度から、積極的かつ効果的な措置への変化が現れた。多
くの学者は、家庭内暴力に対する警察の消極的な態度を非難しつつ、加害者
への強力な措置が必要であると主張するようになった。1980 年警察行政に
関する研究団体である全国警察署長会議（National Organization of Police
Chiefs）において、家庭内暴力について検討した結果、警察は家庭内暴力に
対して仲裁ではなく、加害者を逮捕するという勧告案が採択された。加害者
の逮捕の効果を検証するために、1984 年にミネアポリス警察局において最
初の実験（Minneapolis Domestic Violence Experiment）が行われた。ミネアポ
リス実験とは、1981 年から 1982 年に行われた無作為抽出された単純暴行の
家庭内暴力の加害者に対し、①逮捕、②加害者と被害者の説得・調停
（Mediation）、③加害者に対する一時的な隔離（Separation）などの対応をとり、
半年後にその再犯率を調べるという実験であった。この実験の結果、それぞ

230）Donna M. Welch, Mandatory Arrest of Domestic Abusers: Panacea or Perpetuation of
　　the Problem of Abuse? 43 DEPAUL LAW REVIEW 1134-1135（1994）.
　　J. EMER. NURSING 12（1989）.

150

れの再犯率が、①は10%、②は19%、③は24%であった。すなわち、逮捕された加害者の再犯率が最も低いことが明らかになり、家庭内暴力加害者の逮捕の有効性が科学的に示され、政策転換に根拠を与えるようになった[231]。

また、被害女性の人権を保護できなかった警察と検察に対する訴訟も警察の逮捕政策に変化をもたらすきっかけとなった。代表的なケースがサーマン事件（Thurman v. City of Torrington）である[232]。同事件でトリントン市に居住していたサーマンが別居中である夫から暴力を受け、8カ月にわたって警察に保護を求めたが、警察は積極的に保護しなかった。1983年6月サーマンは家で夫から激しい暴行を受けたが、警察は通報を受けてから25分後に現場へ出動し、血だらけのナイフを持ったまま立っていた夫を逮捕することさえ躊躇した。サーマンは治療できない程の障害を負って、トリントン市と24人の警察官に民事訴訟を提起した。サーマンは勝訴し、230万ドルの損害賠償と、示談金として190万ドルを受け取った。同事件がマスコミに報道され、警察の態度に対する非難が高まると同時に、暴力行為者に対する最も適切な措置は逮捕であることが主張された。その後、サーマン事件と類似な訴訟が提起されることを恐れてアメリカ合衆国の東部では、家庭内暴力に対する義務的逮捕の方針を示した。逮捕による再犯防止効果についてクリストファー（D. Christoper）ほかは「暴力行為者に対する逮捕と拘束が暴力防止に及ぼす効果は大きくないが、ある程度実効性がある」と主張した[233]。

義務的逮捕制度の目的は①暴力を受けた女性と児童の安全確保、②暴力をやめさせること、③加害者の行為に対して責任を負わせること、④暴力を受

231）Richard J. Gelles, Constrains Against Family Violence, 36（5）AMERICAN BEHAVIORAL SCIENTIST 576（1993）、谷田川知恵「アメリカ合衆国積極的逮捕政策への転換」岩井宜子・前掲注（67）232頁以下。

232）同ケースについては、HON D. KIESEL, supra note 57, 993頁参照。

233）Christoper D. Maxwell, Joel H. Gamer, Jeffrey A Fagan, The Specific Deterrent Effect of Arrest on Aggression, 9（1999）、イチャンム・前掲注（197）287頁から再引用。

151

けた女性の回復、⑤暴力を受けた女性の生活を向上させること等である[234]。
同制度の最も大きなメリットは、一定期間において被害者が暴力から完全に
解放されることである。同制度が施行されることにより、家庭内暴力の加害
者の逮捕率が約8倍に上がった[235]。

　しかし、男女相互間の暴力の場合は、女性を逮捕・拘束するなど、立法趣
旨とは異なる結果が発生することもあった[236]。義務的逮捕制度の施行に伴
い加害者と被害者が共に逮捕される、いわゆる、双方逮捕（dual arrest）が
問題となっている。マーチン（M. Martin）の調査によれば、家庭内暴力と
して逮捕された全体の中で、加害者と被害者が共に逮捕されたケースは、
33％である[237]。また、コネティカット州における双方逮捕率は23％であり、
アリゾナ州は8％である[238]。同政策が設けられた当時、予測できなかったこ
のような問題が発生することによって、被害者保護に逆行するのではないか
懸念されている。家庭内暴力事件において被害者が自分の身を守るために、
反撃した場合、加害者と共に被害者も逮捕される可能性がり、暴力を受けた

234）Jessica Dayton, The Silencing of a Woman's Choice: Mandatory Arrest and No Drop
Prosection Policies in Domestic Violence Cases, 9 (2) CARDOZO WOMEN'S LAW
JOURNAL 284-285 (2003).

235）同政策が施行される前（1990）には、加害者の逮捕率が5％であったが、1996
年には41％に増加した。Leigh Goodmark, The Legal Response to Domestic Violence:
Problems and Possibilities, 23 SAINT LOUIS UNNIVERSITY PUBLIC LAW REVIEW 11
(2004).

236）EVE BUZAWA & GERALD HOTALING, THE POLICE RESPONSE TO DOMESTIC
VIOLENCE CALL FOR ASSISTANCE IN THREE MASSACHUSETTS TOWNS:
FINAL REPORT 12-13 (2000). Brenda Sims Blackwell, Michael S. Vaughn, Police Civil
Liability for Inappropriate Response to Domestic Assauli Victims, 31 JOURNAL OF
CRIMINAL JUSTICE 134 (2003).

237）Margaret Martin, Double Your Trouble: Dual Arrest in Family Violence, 12 JOURNAL
OF FAMILY VIOLENCE 147 (1997).

238）David Hirschel & Eve Buzawa & April Patavina & Don Faggiani, Domestic Violence
and Mandatory Arrest Laws: To What Extent Do They Inflence Police Arrest Decisions?,
98(1) THE JOURNAL OF CRIMINAL LAW & CRIMINOLOGY 259 (2007).

第一節　アメリカ合衆国の制度

者が逮捕されることを恐れて防衛行為をしないことで、より大きな被害を受ける恐れもあるだろう。また、加害者と共に逮捕された被害者がその過程において、更なる心理的被害を受ける恐れがあるため、二次被害についても懸念される。同政策が加害者の暴力行為を抑止する効果があるとしても、被害者に更なる被害を与える恐れもあり、このような副作用をなくして、被害者保護に資するため、同政策についてより深い検討が求められると思われる。

3　検察の起訴強制制度　起訴強制制度が施行される前は、多くの家庭内暴力被害者が加害者の脅迫によって、暴力に関する証言を拒否し、捜査に協力しない場合があった。このような被害者の状況を考慮し、被害者に加害者への告訴を取り消す権限を与えた州が少なくなかった。検察官は、起訴について決める際、加害者への処罰を求めないという被害者の意思を反映したため、家庭内暴力事件の起訴率は暴行など他の犯罪に比べて低かった。そこで、これらの状況を改善するための取り組みが行われ、1990年初めに、起訴強制制度が設けられた。同制度は、当該事件を起訴するか否かについて判断する際、被害者の意思に関わらず、強制的に起訴することができるものである。同制度の導入を支持した者は、その根拠として、①家庭内暴力による悪影響は他の個人的犯罪と比べて大きいこと、②被害者が起訴することを望まない、若しくは、拒否する場合があるが、加害者に自分の行為に対する適切な責任を負わせるために、検察官は被害者の意思をそのまま受け入れるべきではないこと、③家庭内暴力の被害者とその子どもを保護するため、検察官は、当該事件に介入しなければならないこと等が主張された[239]。同制度が施行される前には、家庭内暴力事件の50〜80％に対して不起訴処分が下されたが、施行以降の不起訴率は、10〜34％に減少した[240]。

　強制起訴は、その程度によって、弱い（soft）の起訴強制と強い（hard）

---

239) Jessica Dayton, The Silencing of a Woman's Choice : Mandatory Arrest and No Drop Prosection Policies in Domestic Violence Cases, 9 (2) CARDOZO WOMEN'S LAW JOURNAL 288-289 (2003).

240) NANCY LEVIT & ROBERT R. M. VERCHICK, FEMINIST LEGAL THEORY, 1999-200 (2006).

第三章　問題解決へ向けた提言

の起訴強制に区分される。まず、前者は、被害者に告訴取消権が認められている。弱い起訴強制は、主に、起訴することによって、被害者により深刻な被害が与えられる恐れがある場合に認められる。後者は被害者に告訴取消権が全く認めらえないだけではなく、証言を得るため被害者への召喚を求めた際、被害者がそれに応じなければ、拘束することもできる。サンディエゴが強い起訴強制制度を採用している代表的な都市であり、同都市では、被害者の意思にかかわらず犯罪捜査を行い、起訴することができる。さらに、家庭内暴力の事実を立証するために、被害者の証言が不可欠な場合において、被害者が出席せず、若しくは、捜査に協力しない際、検察官は裁判を延期し、裁判所に令状を請求することができる。多くの検察官は被害者に対してこのような強制的な方法を使わず、被害者に協力を求めたり、説得したりするが、一部の検察官は被害者を起訴すると伝える等脅迫する場合もある。また、カンザス州の裁判官は自分を強姦しようとした元交際相手を告訴した被害者が証言を拒否し、当該被害者を法定侮辱罪で処罰したこともある[241]。このように、強度の起訴強制制度は、被害者の意思を無視し、場合によって被害者が望まない供述・証言を強要する等、二次被害を与える恐れがあると思われる。

　さらに、同制度による家庭内暴力の防止効果はまだ立証されてない。ただし、サンディエゴでは、起訴強制制度を実施した以降、配偶者による殺人の件数が 1985 年の 30 件から 1994 年には 7 件まで減少したと報告されている[242]。しかし、このような現象が、起訴強制制度による効果だと断言することはできない。家庭内暴力の被害者は必ずしも加害者の処罰を望んでいるわけではなく、加害者を処罰することによって、被害者が経済的な困窮にはまる場合もあるため、家庭内暴力事件において同制度を適用することには懸念がある。

241）パクソヒョン「家庭暴力規制立法に対する比較法的検討」JOURNAL OF PARLIAMENTARY RESEARCH VOL8（2）（2013）218 頁以下。

242）Leigh Goodmark, The Legal Response to Domestic Violence : Problems and Possibilities, 23 SAINT LOUIS UNNIVERSITY PUBLIC LAW REVIEW 12 （2004）.

第一節　アメリカ合衆国の制度

（二）加害者治療プログラム

1　背景　アメリカ合衆国において、加害者更正・治療プログラム（以下「プログラム」と表記する）などが導入された背景は、矯正施設の飽和問題と関係がある。1970年半ばから1990年代にかけて、州および連邦刑務所の人口が2倍以上に増加し、刑務所などの過剰拘禁問題が発生した。この問題は、刑事司法が直面する最も危機的問題と認識され、その解決が強く求められた[243]。裁判所は、その解決策の一つとして刑務所の更なる過剰収容を防ぐために、初犯の加害者を刑務所に収容しない社会的な解決法を追求した。例えば、家庭内暴力加害者が初犯である場合、刑務所に収監せず、コミュニティの中で改善更生をする試みが対策として取り入れられてきた。州ごとに異なるが、初犯の家庭内暴力加害者が執行猶予を受けた場合、裁判所が加害者にプログラムを完了するように義務付ける州が多かった[244]。

　さらに、社会を悩ませ、家族と子どもたちを深く傷づける家庭内暴力を終わらせようとする努力に対して、社会のなかから様々な反応が起こってきた。1970年代には犠牲者と子どもたちを保護するために殴られた女性たちの運動が始まり、それが家庭内暴力を法的に処罰することのみならず、加害者への治療にまで拡大していった[245]。家庭内暴力加害者のプログラムは、暴力被害者女性の運動の求めに応じた男性の自発的な反応として始まった。彼らは家父長的信念に基づく女性への暴力に対峙しようとした。最初のプログラムが生まれたのは、ボストン地域シェルターで働く女性の要求によって

243）刑事立法研究会『非拘禁的措置と社会内処遇の課題と展望』（現代人文社、2012）301頁以下。

244）法務総合研究所研究部報告24「ドメスティック・バイオレンス（DV）の加害者に関する研究」（2003）220頁以下。

245）ALBERT R. ROBERT & KAREL KURST-SWANGER, HANDBOOK OF DOMESTIC VIOLENCE INTERVENTION STRATEGIES 127（2002）, MO YEE LEE ET AL, SOLUTION-FOCUSED TREATMENT WITH DOMESTIC VIOLENCE OFFENDERS 463（2004）から再引用。

155

第三章　問題解決へ向けた提言

できたものである。現在では、こうしたプログラムは総合的・組織的対応が不可欠となっており、裁判所では、保護観察中の家庭内暴力加害者に対する代替刑として、彼らをプログラムに参加させることが通例となっている。すなわち、州ごとに異なるが、初犯である家庭内暴力の加害者に執行猶予の判決が言い渡された場合、加害者が家庭内暴力プログラムに参加するように義務付けられるケースが増加した。

　さらに、多くの州において検察と裁判所が家庭内暴力事件を処理する際、積極的に加害者プログラムを利用することを勧告する法律が制定された。アメリカ合衆国において、最も人口が多く、刑事司法によって処理される人数が最多であるカリフォルニア州では、450 以上の家庭内暴力の加害者プログラムが登録されており、プログラムに参加している加害者は 25000 人を超えている[246]。現在は、アメリカ合衆国の 45 の州が加害者プログラムに関する基準を制定していると報告されている[247]。しかし、全国で実施されている加害者プログラムの数は、正確には把握することができない。2016 年に政府がプログラムに関する情報を収集する過程において、ウェブサイトを通じて 3246 のプログラムの存在を確認したが、65％以上がウェブサイトのアドレスが誤っている等、正確な情報を把握することができなかった。このような状況を考慮すれば、現在は、1100 から 3000 のプログラムが運用されていると思われる[248]。家庭内暴力の加害者プログラムは、加害者を処罰することよりも、再教育を通じた改善更生を共通の目的としているが、州ごとにプログラムの形式、内容、参加期間[249]、参加者の要件等は異なる[250]。

246）California State Auditor, Batterer Intervention Programs : County Probation Departments Could Improve Their Compliance with State Law, but Prograss in Batterer Accountability also Depends on The Courts,（2006）.

247）Bethany J. Price & Alan Rosenbaum, Batter Intervention Programs : A Report From the Field, 24 VIOLENCE AND VICTIMS 757-756（2009）.

248）Julia Babcock ET AL, Domestic Violence Perpetrator Programs : A Propasal for Evidence-Based Standards in the United States, 7 PARTNER ABUSE 359（2016）.

249）プログラムの期間について例えば、メーン州は 48 週間以上（毎週のセッション

第一節　アメリカ合衆国の制度

　加害者の矯正・更生を図るこれらの動き及び実績は急増しており、このような現象は、前述した家庭内暴力に対する積極的介入と関係があるだろう。すなわち、令状なし逮捕、義務的逮捕や検察による起訴強制制度などの積極的な介入により、有罪判決を受けた家庭内暴力加害者の人数が増え[251]、裁判所によるプログラムの命令も増加したと考えられる。

　2　家庭内暴力への介入プログラムの特徴と内容　アメリカ合衆国の家庭内暴力に関する対応策の核心は、刑事司法機関と地域社会間の相互協力を通じて①被害者の安全を保障し、②加害者に責任を負わせるようにし、③家庭内暴力を社会から根絶する介入プログラム（Intervention System）が活性化していることである。アメリカ合衆国のプログラムの内容は多様であるが、認知行動的または精神治療的アプローチと結合したフェミニズム的教育モデル[252]が多用されている。代表的なプログラムとしては、①ダルースモデル（Duluth Model）、②イマージモデル（Emerge Model）③アメンドモデル（Amend Model）が挙げられる。三つのプログラムは類似点もあるが、①は、主に早期に介入するためのプログラムであり、②、③はより深層的で、強化

は 90 分以上）であり、テネシー州は 24 クラスセッション以上である。また、カリフォルニア州では、家庭内暴力で保護観察処分が言い渡された者は、保護観察期間中、1 年以上加害者介入プログラムに参加しなければならず、1 週間にあたり 2 時間以上参加すべきであるとされている。Public Health Law, Menu of State Batterer Intervention Program Laws, 6-7（2015）.

250）パクソヒョン「家庭内暴力加害者相談制度の効果性」梨花ジェンダー法学第 5 巻第 2 号（2013）113 頁。

251）Robert c. Davis & Bruce G. Taylor, Does Batterer Treatment Reduce Violence? A Synthesis of the Literature, THE HAWORTH PRESS 70（1999）, Bethany J. Price & Alan Rosenbaum, Batterer Intervention Programs: A Report from the Field, 24 VIOLENCE AND VICTIMS 757（2009）.

252）フェミニズム的視点に基づいたプログラムは、加害者に両性の平等などを再認識させ、自分の暴力行為に責任を持たせることを目標とする。個人的視点に基づいたプログラムは、加害者の個人的病理と生育歴が暴力の根本的な原因であると認識している。家族システム的アプローチは、家庭内暴力を相互作用と関係性の両視点からとらえる。

157

第三章　問題解決へ向けた提言

された集団相談のためのプログラムである。

　これらのプログラムの一般的な流れは以下の通りである[253]。

・申請：刑事司法システムによる加害者との接触
・評価：プログラムに対する加害者の同意に基づいて、暴力、薬物依存、精神的問題などその也の問題の危険性への評価
・被害者との接触：パートナーに加害者の情報を告知
・開始教育：指示的・教訓的な性格をもつ教育
・集団治療：議論および怒りの調節、精神治療など
・プログラム完了：プログラムの完了→修了、違反→再教育
・フォローアップ：プログラムが完了した後、事後管理

　［表3-4］は三つのプログラムの概要に関してまとめたものである。ダルースは、アメリカ合衆国ミネソタ州に位置する人口9万名の小さな都市である。ダルースにおいて1981年に実施された1年間のプロジェクトである「家庭内暴力介入プログラム」に、今日では大規模事業として成長し、家庭内暴力に対して地域社会が協力し努力したものとして国際的に評価されている。ウェブサイトに基づいた調査によれば、45の州において276個の加害者プログラム（全体の53％）が同モデルを採用してプログラムを実施している[254]。

　ダルースモデルにおいて最も重要視されることは、被害者の安全であり、次に重要視されることは、暴力行為者に自分の行為についての責任を負わせることである。主な活動は、被害者への迅速なサービス提供、家庭内暴力を犯罪として規定し、刑事司法制度を手段として再発を防止すること、加害者を処罰し矯正すること、さらに、常習犯に対する加重処罰、加害者に対する矯正・更生機会を提供することである。同プログラムの期間は各々相違があ

253）キムウンギョン・前掲注（227）89頁以下。
254）Julia Babcock ET AL, supra note 248, at 360.
255）Kerry Healy ET AL　Batterer Intervention: Program Approaches and Criminal Justice Strategies, U.S DEPAR⌐MENT OF JUSTICE 48（1998）.

158

第一節　アメリカ合衆国の制度

表 3-4　アメリカ合衆国の加害者介入プログラムの概要[255]

ダルースモデルのカリキュラム
○プログラムの構造
　：地域によってプログラムの期間は異なるが一般的に以下の 8 種類の各テーマ
　ごとに 2 セクション又は 3 セクションからなる。

○テーマ
　・非暴力
　・非脅威的な行動
　・尊重
　・支持と信頼
　・正直さ（誠実さ）と責任
　・性的尊重
　・パートナーシップ
　・妥協と公平さ
○アプローチ
　：それぞれのユニットは、変化を目標とする暴力行為が表れたビデオの鑑賞か
　ら始まる。ディスカッションは、教訓的で対立的である。ダルースモデルにお
　いて加害者への介入は、家庭内暴力に対するコミュニティの反応として行われ
　なければならないことをを強調する。

イマージモデルのカリキュラム
○プログラムの構造
　：二つのステージに区分される 48 週間のプログラムである（8 週間はオリエ
　ンテーション、40 週間はグループワーク）。加害者の約 3 分の 1 に対して、プ
　ログラム時間の追加を勧告する。

○テーマ
①オリエンテーション
　・家庭内暴力の定義
　・セルフトーク（肯定的 VS 否定的）
　・女性に対する暴力の影響―迅速な解決方法 VS 長期的な解決方法
　・精神的・性的・経済的虐待
　・暴力 VS コミュニケーション
　・配偶者暴力が子どもに及ぼす影響

159

第三章　問題解決へ向けた提言

②グループワーク（1週間に2時間）
　・既存のメンバー：短いチェックイン（一週間にわたって問題がなかったかについて話す）
　新たなメンバー：長いチェックイン（加害者の責任に焦点を当て、過去の虐待行為について話す）
　・チェックインのときに提起された問題に基づいて暴力の代替手段に関する長いディスカッション
　・現在と過去の暴力行為に基づいた個人的目標の発展

○アプローチ
　：同プログラムは、加害者と被害者の幅広い関係を強調する→身体的虐待だけではなく、感情的・精神的虐待の改善を目標としている。
　被害者に対する尊重と気持ちの理解を向上させる。グループリーダーは、対立を用いる。

アメンドモデルのカリキュラム
○プログラムの構造
　：介入期間は36週間（義務的治療の標準期間）から5年（最も難しいケース）まで多様である。同プログラムは長い期間を選好する。同プログラムは、加害者への介入のために集団治療を中心としたマルチモーダルアプローチをするが、個人相談やカップルワークも含まれる。

○アプローチ
　：同プログラムは7つの基本原則がある。
　・ファミニズムにおける暴力の「パワー＆コントロール（Power and Control）」
　・加害者への介入—暴力は犯罪
　・暴力と虐待は選択。そして、被害者には暴力に対する責任なし
　・①暴力・虐待をやめるための変化に対する教育、②加害者の問題の心理的特徴への取り組み、を目指したカウンセリング
　・暴力の終結は長期間（1～5年）プロセス
　・暴力の終結は複雑であり、マルチモーダル（multimodal）介入が必要
　・加害者の治療は特殊な技術と訓練が必要

160

り、非暴力、非脅威的な行動、尊重、支持と信頼、正直さ（誠実さ）と責任、性的尊重、パートナーシップ、妥協と公平の8つのテーマに対して2-3セクションで構成される。同プログラムは、義務的逮捕制度および逮捕強制制度に基づいて実施されている。プログラムのカリキュラムは、フェミニズムや認知心理学的内容を盛り込んで[256]、数年にわたって開発されている。プログラム参加者は、自発的なものや裁判所命令など様々な経路から参加し、対象者の特性に応じてプログラムが実施される。同プログラムの効果に対する評価は一致しないが、プログラムを受けた者ほどパートナーに対する暴力の反復回数が減少していることについては、意見が一致している[257]。

　ダルースモデル以外に、長期間にわたって高く評価されたのがイマージモデルとアメンドモデルである。両モデルは、ダルースモデルよりも深いカウンセリングを中心としている。イマージモデルは、ダルースモデルのように厳格なカリキュラムに基づいたプログラムではない。すなわち、イマージモデルは、柔軟性のある相互作用的なプログラムである。アメンドモデルに基づいたプログラムは長期間にわたって行われる傾向にあり、参加者に対して対立への対処方法、緊張を緩和させる方法等、高度の心理的技術を身に付けさせる[258]。

　これらのモデルは、州及び施行機関の特徴に合わせて継続的に開発・変化されている。アメリカ合衆国における介入プログラムは、一般化された形式がなく、個別化・専門化されている。このような変化は、様々な特徴を反映するため、一貫性をもっていないが、大部分のプログラムは、フェミニズムの観点から行われている。さらに、これらのプログラムは①被害者保護のための迅速な警察の介入、救急施設の拡充、臨時保護のための迅速な裁判所の対応、②家庭内暴力を犯罪として認識し、加害者の逮捕、検察の指針開発、

256）Geir Smendslund ET AL, Cognitive behavioural therapy for men who physically abuse their female partner, 4 CAMPBELL SYSTEMATIC REVIEW 12（2007）.

257）キムウンギョン・前掲注（227）92頁以下。

258）Kerry Healy ET AL, supra note 254, at 47-53.

第三章　問題解決へ向けた提言

民事上の保護命令、加害者に対する保護観察の充実化、介入プログラムの開発なども図るという共通点がある[259]。

3　プログラムの効果　1980年代、裁判所の命令による家庭内暴力の加害者プログラムが施行された後、プログラムの数は劇的な増加傾向にある。プログラムの普及とともにプログラムの効果についても関心が高まり、それに関する研究も活発に行われた。家庭内暴力の加害者プログラムの暴力抑制効果についての研究は、やや情報は古いものの、以下の通りである。

まず、［表3-5］はプログラム（治療）の効果について調査した10の研究結果をまとめたものであり、プログラムの参加者と非参加者を比較せず、警察や被害者・加害者（参加者）に再犯の有無について調べる方法で行われた。プログラム評価報告を全般的にみると、プログラム完了1年後の再犯率は約15％から50％である[260]。

さらに、同表で示した結果以外にも有意味な研究結果がある。まず、ソンダース（D. G. Saunders）は、コミュニティに設けられたプログラムに参加した218人の男性[261]の再犯率について調査した。この際、再犯率はプログラム参加者のパートナーからの報告と逮捕記録などに基づいて計算した。その結果、フェミニズム的認知行動療法のプログラム完了後、54カ月間における再犯率は45.9％であり、精神力動的グループ療法の場合は、48.5％であった[262]。

ゴンドルフ（E. W. Gondlf）とホワイト（R. J. White）は、アメリカ合衆国の4都市の618人の加害者について追跡調査を実施した。当該者のパート

259）シンドンイル/ファンジテ『相談条件付起訴猶予制度の性別影響分析評価』（刑事政策研究院、2004）62頁以下。

260）MO YEE LEE ET AL, supra note 245, at 183.

261）対象になった男性は、フェミニズム的認知行動療法又は精神力動的グループ療法のいずれかに無作為に割り当てされた。

262）Daniel G. Saunders, Feminist-cognitive-behavioral and process-psychodynamic treatments for men who batter: interaction of abuser traits and treatment models, 11 VIOLECE AND VICTIMS 393-413 (1996), MO YEE LEE ET AL, supra note 245, at 182.

162

第一節　アメリカ合衆国の制度

表 3-5　プログラム参加者の再犯率[263]

調査者	対象者数	データソース	調査期間	再犯率
Purdy & Nickle	170	加害者	6 カ月	41％
Feazel et al	90	加害者	1 年間	25％
Harris	40	加害者	2 カ月～3 年間	27％
Demaris & Jackson	53	加害者	20 カ月	35％
Leong et al	67	被害者、警察	3 カ月	19％（被害者）15％（警察）
Shupe et al	148	被害者、加害者	3 カ月以上	30％（被害者）18％（加害者）
Tolman et al	48	被害者	6 カ月	47％
Hamberger & Hastings	106	加害者	1 年間	30％
Jahnson and Kanzler	687	加害者	5 カ月	7％
Tolman and Bhosley	99	被害者	1 年間	42％

263）同表は、Robert c. Davis & Bruce G. Taylor, supra note 251, 75 頁を参照して作成。
詳しい内容は以下の文献を参照。Purdy Frances & Norm Nickle, Practice Principles for
Working with Groups of Men Who Batter, 4 SOCIAL WORK WITH GROUPS（1981），
Carann S. Feazel ET AL, Service for Men Who Batter: Implication for Orograms and
Policies, 33 FAMILY RELATION（1984），Harris Jane, Counseling Violent Vouples Using
Walker's Model, 23 PSYCHOTERAPY（1986），Demaris Alfred & Jann Jackson, Batterers
Reports of Recidivism after Counseling, 68 SOCIAL CASEWORK（1987），Leong D. J ET
AL, Follow-up of Batterers Treated im a Court-ordered Treatment Program, THE THIRD
NATIONAL FAMILY VIOLENCE RESEARCH CONFERENCE（1987），Shupe Anson
ET AL, Violent men, violent couples. Lexingtion, MA: Lexington Books（1987），Richard
M. Tolman, The Effectiveness of a Shelter-sponsored Program for Men who Batter:
Preliminary Results, THE THIRD NATIONAL CONFERENCE FOR FAMILY
VIOLENCE RESERCHERS（1987），Hamberger L. K ET AL, Recidivism Following
Spouse Abuse Abatement Counseling: Treatment and Program Implications, 5 VIOLENCE
AND VICTIMS（1990），Johnson J. M & Kanzler D. J, Treating Domestic Violence:
Evaluationg the Effectiveness of a Domestic Violence Diversion Program, THE TENTH
ANNUAL SYMPOSIUM ON SOCIAL WORK WITH GROUPS（1990），Tolman R. M &
Bhosley G., The Outcome of Participation in a Shelter-Sponsored Program for Men who
Batter, ABUSED AND BATTERED: SOCIAL AND LEGAL RESONSE（1991）.

第三章　問題解決へ向けた提言

ナーの報告に基づいて得られた結果は、30 カ月の間、再び暴力を振るった者は全体の 41％であった[264]。シェパード（M. Shepard）はダルースプログラムに参加した 100 人の男性を 5 年間にわたって追跡調査したが、その結果、加害者の再犯率[265]が約 40％で他研究と比して高かった。しかし、そのうち有罪判決は、22％であり、スタインマンが発表した再逮捕率 20％と類似の数値である[266]。ダットン（D. G. Dutton）ほかの調査によると自己報告とパートナーの報告に基づいて、プログラムを完了した加害者の変化を調べたところ、怒りのレベル、暴力の行使、精神的な暴力の程度が低くなったことが分かった。同結果は、プログラムの完了後、27 カ月が経った加害者を追跡した結果であり、治療の効果が 27 カ月間続いていることを示す[267]。バップスコク（J. C. Babcock）とシュタイナー（R. Steiner）によると、プログラムから途中脱落した者の再犯率は 23％であったが、刑事処罰だけが科せられた加害者の再犯率は 62％であった[268]。エーデルソン（J. L. Edlson）とグルスズンスキー（R. J. Grusznski）の研究によれば、プログラムを完了

---

264) Edward W. Gondolf & Robert J. White, Batterer Program Participants Who Repeatedly Reassault Psychopathic Tendencies and Other Disorders, 16 JOURNAL OF INTERPERSONAL VIOLENCE 361-380), MO YEE LEE ET AL, supra note 245, at 182.

265) 同調査における「再犯を犯した者」の定義は、家庭内暴力で有罪判決を受けた者、保護命令の対象者、家庭内暴力の容疑者になった者である。

266) この調査は、ダルースプログラムを完了した 100 人を対象に行われており、対象者のうち、39 人が再逮捕された。Melanie Shepard, Predicting batter Recidivism Five Years After Community Intervention, 7 JOUNRAL OF FAMILY VIOLENCE 174（1992）.

267) Donald G. Dutton ET AL, Wife Assault Treatment and Criminal Recidivism: An 11-year Follow-up, 41 INTERANTIONAL JOURNAL OF OFFENDER THERAPY AND COMPARATIVE CRIMINOLOGY 9（1997）, Robert M. Sartin ET AL, Domestic Violence Treatment Responseand Recidivism: A Review and Implication for the Study of Family Violence, 11 AGGRESSION AND VIOLENT BEHAIVER 429（2006）から再引用。

268) Julia C. Babcock & Ramalina Steiner, The Relationship Between Treatment Incarceration and Recidivism of Battering: A Program Evaluation of Seattle's Coordinated Community Response to Domestic Violence, 13 JOUNAL OF FAMILY PSYCHOLOGY 46（1999）.

第一節　アメリカ合衆国の制度

した後、6 カ月から 1 年までの加害者の再犯率は約 30％であった[269]。スタイマン（M. Steinman）は、コミュニティ介入プロジェクトに参加した加害者がプログラム完了 1 年後、再逮捕又は裁判所に召喚される割合は、約 20％であると報告した[270]。

　ダットンが、100 人を対象として、6 カ月から 3 年間再犯率を調査した結果、治療を受けなかった加害者の再犯率（再逮捕される確率）は 40％であったことに比して、治療を受けた加害者の場合は 4％であった[271]。バルサニ（C. H. Bersani）ほかが 221 人を対象にして平均 14 カ月間、警察に報告された再犯率について調査した結果、治療を受けた者の 5％、治療を受けなかった者の 10％が再犯を犯した[272]。

　このように、プログラムの効果は、調査対象、期間、方法によって、一貫しておらず、その効果を明らかにすることが課題として残されている。しかし、[表 3-6]で分かるように、プログラムを最後まで修了した者の再犯率は、脱落者の再犯率より、低いことが確認できる。したがって、プログラムは加害者の暴力行為の矯正にある程度効果があると思われる。また、プログラムを途中でやめる者に対して、刑事処罰を含んだ積極的な管理が必要である。とはいえ、アメリカ合衆国と日本は、法体系、社会的特徴、文化など異なる点が多く、これらの結果を無条件的に受け入れることは望ましくない。いずれにしても起訴強制制度はメリットよりもデメリットのほうが大きいと予測

---

269) Jeffrey L. Edleson & Roger J. Grusznski, Treating men who batter: Four years of outcome data from the Domestic Abuse Project, 12 JOURNAL OF SOCIAL SERVICE RESEARCH 3（1988）.

270) この再犯率は、183 件の家庭内暴力事件の加害者と被害者を対象に調査したものである。Micheal Steinman, Evaluating a System-wide Response to Domestic Abuse: Some Initial Findings, 4 JOURNAL OF CONTEMPORARY CRIMINAL JUSTICE 172（1988）.

271) ダットンの調査は、16 週間の治療プログラムを完了した 50 人の男性を対象に 3 年間行われた。Donald G. Dutton, The outcome of court-mandated treatment for wife assault: A quasi-experimental evaluation, 1 VIOLENCE AND VICTIMS 163（1986）.

272) Chen H. Bersani ET AL, Evaluationg the Effectiveness of a Court Sponsored Abuser Treatment Program, 4 JOURNAL OF FAMAILY VIOLENCE 309-322（1989）.

第三章　問題解決へ向けた提言

される。一方、家庭内暴力への対策として、被害者に対する援助は、根本的な解決策にはならない。被害者が被害を克服し、通常の生活を送るようになっても、加害者の更生・矯正が行われない限り、再び暴力の被害を受ける恐れがある。このような観点から、アメリカ合衆国の加害者に対するこれらの取り組みは日本においても参考になると思われる。

表3-6　プログラムの途中脱落者と修了者の再犯率[273]

調査者	対象者数	データソース	調査期間	再犯率	
Halpern	84	被害者	3カ月	途中脱落者18%	
				修了者15%	
Hawkins & Beauvais	106	警察	6カ月	途中脱落者29%	
				修了者15%	
Douglas & Perin	40	警察	6カ月	途中脱落者29%	
				修了者15%	
Edlson & Grusznski ①	86	被害者	5〜9カ月	途中脱落者46%	
				修了者32%	
Edlson & Grusznski ②	159	被害者	1年間	途中脱落者48%	
				修了者41%	
Hamberger & Hasting	71	加害者、被害者、警察	1年間	途中脱落者47%	
				修了者28%	

273）同表は、Robert c. Davis & Bruce G. Taylor, supra note 251, 77 頁を参照して作成。詳しい内容は以下の文献を参照。Halpern M, Battered Women's Alternatives: The Men's Program Component, THE MEETING OF THE AMERICAN PSYCHOLOGICAL ASSOCIATION（1984）, Hawkins R.& Beauvais C., Evaluation of Group Therapy with Abusive Men: The Police Record, THE MEETING OF THE AMERICAN PSYCHOLOGICAL ASSOCIATION（1984）, Douglas M. A & Perrin S., Recidivism and Accuracy of Self-reported Violence and Arrest, THE THIRD NATIONAL CONFERENCE FOR FAMILY VIOLENCE REARCHERS（1987）, Edleson J, Grusznski R., Treating men who Batter: Four Years of Outcome Data From the Domestic Violence Abuase Project, 12 JOURNAL OF SOCIAL SERVICE RESEARCH（1988）, Hamberger L. KEVIN & Hastings James E., Skills Training for Treatment of Spouse Abusers: An Outcome Study, 3 JOURNAL OF FAMILY VIOLENCE 121-130（1988）.

第二節　韓国制度の検討

一　家庭内暴力に関する韓国法律

（一）立法趣旨

　韓国では、家庭内暴力、特に夫婦間の暴力と親の子どもに対する暴力が深刻な社会問題になっていた。それにもかかわらずに、刑事的な介入がこれまで十分に行われていなかったため、問題をいっそう深刻化させた[274]。それゆえ、家庭内暴力の持続性と常習性に対する懸念から、国家と社会が積極的にこの問題に介入し解決するべきであるという主張が増え、家庭内暴力の対策に関連する二つの法律が制定された。これが家庭内暴力防止法と家庭内暴力処罰法（両法は以下「家庭内暴力関連法」と表記する）である[275]。家庭内暴力関連法が制定されることによって、家庭内暴力の処罰及び被害者保護に関する法的対応の体制が備えられたと評価できる。さらに、韓国において家庭内暴力は個人の問題でなく、社会的な問題であることが明らかになり、暴力行為の犯罪性が明文化された。すなわち、家庭内暴力加害者の処罰可能性が高くなるとともにこのような行為を放置せず、家庭のような私的な空間においても国家の公権力によって介入し、統制するようになった[276]。

　家庭内暴力防止法は、予防的な観点から家庭内暴力の予防と被害者保護のために 1997 年 12 月 31 日に制定され、1998 年 7 月 1 日に施行された法律であり、福祉的な内容が含まれている。具体的には、国家と地方自治団体の責務、相談所と保護施設の設置・運営および業務について規定されている。一

274）パクサンギほか『刑事政策第 10 版』（韓国刑事政策研究院、2009）288 頁以下。

275）両法の内容に関しては、町野朔/岩瀬撤/柑本美和『児童虐待と児童保護』（上智大学出版、2012）180 頁以下参照。

276）キムウンフェ・前掲注（13）278 頁以下。

方、家庭内暴力処罰法は、家庭内暴力の加害者を処罰するために制定されており、家庭内暴力を犯罪として定義し、このような犯罪の特殊性を考慮し、刑事手続きに関する特例として家庭保護事件の手続きに関して規定している。

　家庭内暴力関連法が二つに分かれて個々に規定されていることについて疑問を提起する見解もある。すなわち、性暴力犯罪の処罰等に関する特例法が性暴力行為者の処罰と共にその被害者の保護に関する内容を盛り込んでいるように、二つの法律を統合すべきであるという主張である。その根拠としては、類似な内容を盛り込んでいる法律を二つに分けて制定することによって、関係者や執行機関に混乱を招く恐れがあること、当該問題を解決するためには、集約的・有機的に取り組まなければならないことなどが挙げられる[277]。確かに、両法の目的は、家庭内暴力の予防と被害者保護であり、これらの目的を達成するために努力すべき機関は多く重なっている。また、各機関間の明確な役割分担も重要であるが、協力・連携を通じて解決すべき部分があるため、このような主張は妥当性があるだろう。

　以下では、このような課題を念頭に置いて、家庭内暴力防止法と家庭内暴力処罰法について検討を行う。

（二）家庭内暴力処罰法

　1　背景　家庭内暴力処罰法が制定される以前には、家庭内暴力事件を規定する特別法が存在しなかったため、刑法又は暴力行為等処罰に関する法などによって一般刑事事件として処理された。しかし、家庭内暴力事件に一般刑罰法規を適用するには限界がある。特に女性被害者が婚姻関係を維持しながら、夫を処罰するために告訴することは難しいとされていた。さらに、経済的依存関係・社会的関係などにより夫を訴えない場合も存在した。刑法による伝統的な刑事処罰は、家庭維持の意思がない場合には適用できるが、家庭を維持しながら加害者の暴力行為を改善する処罰を求める場合において

277）オヨングン「家庭暴力特別法の問題点」捜査研究第 16 巻第 7 号（1998）33 頁。

は、適切な措置をとることができなかった。また、軽微な暴力が行われた場合、刑事処罰ができず、不起訴処分となり、加害者処罰ができないという不備が発生していた。伝統的な刑罰では、被害者の保護には資するものの、家庭の崩壊につながる可能性が高いという課題を解決するために、国家が刑事

表 3-7　家庭内暴力処罰法の制定・改正内容

制定・改正	内　　　容
制定 （1997 年）	・立法目的：家庭内暴力の刑事処罰手段に関する特例を定めて家庭内暴力を犯した者に対して環境の調整及び性行の矯正のための保護処分により破壊された家庭の平和と安定を回復し健康な家庭を育成すること ・家庭内暴力の職務関係者に対する通報義務の規定 ・自己又は配偶者の直系尊属による告訴 ・検察官の職権又は警察の申請による臨時措置 ・家庭保護事件に関する規定 ・被害者陳述権の保障 ・裁判官による保護処分 ・保護処分に違反した場合の罰則
1 次改正 （1999 年）	・家庭内暴力被害児童の教育・保護を担当する機関の職員及びその長に秘密保持義務
6 次改正 （2002 年）	・同法の目的に「被害者と家族構成員の人権保護」を追加 ・臨時措置の請求要件の改正 ・検察官による保護処分の変更・取消の申請の認定
7 次改正 （2005 年）	・親告罪や被害者が望まない場合においても家庭保護事件として処理できる根拠規定の新設
11 次改正 （2007 年）	・臨時措置の請求要件 ・相談条件付起訴猶予制度の新設 ・臨時措置及び保護処分の類型の追加 ・（加害者）監護委託機関に対する教育の義務化 ・科料の引き上げ
14 次改正 （2011 年）	・司法警察官による緊急臨時措置 ・保護命令の延長
17 次改正 （2012 年）	・家庭内暴力の類型（範囲）に性暴力を追加 ・家庭内暴力の通報義務者の範囲拡大（多文化家族支援センターの職員、社会福祉公務員など） ・申告義務の違反者に対する罰則（300 万ウォン以下の科料）
20 次改正 （2014 年）	・家庭内暴力の申告義務者の範囲拡大（健康家庭支援センターの職員など） ・被害者の安全措置

第三章　問題解決へ向けた提言

処罰前の段階で、迅速に家庭内の問題に介入し、被害者の保護や加害者の改善・矯正を通じて家庭を保護する新たな法律を制定する必要性が主張されていた[278]。

2　法律の内容及び改正　家庭内暴力処罰法には、家庭内暴力犯罪の刑事処罰手続に関する特例が定められており、保護処分を通じて家庭内暴力加害者の性向を矯正し、家庭の平穏および安定を回復し、健康な家庭を育成することが目的とされている。同法は、制定されてから 23 回改正（一部改正 11 回、他法律の改正による改正 12 回）された（[表 3-7]）。具体的に、1999 年の改正では、被害児童の保護・教育を担当する機関の職員に秘密保持が義務付けられており、2002 年の改正では、同法の目的に「被害者とその家族構成員の人権保護」が追加された。さらに、2005 年の改正によると、被害者の意思に反して告訴・処罰できなかった事件を放置せず、家庭保護事件として処理することで、強制的な介入が可能になった。2011 年の法改正では、警察による介入を強化させるために「緊急臨時措置」が新設されており、2012 年の改正では、性暴力を家庭内暴力の範囲に含ませ、家族間の性暴力の防止及び被害者の支援に資するようになった。20 回以上にわたった同法の改正は、今まで家庭内暴力に対して消極的な態度をとってきたことに対する反省も含まれている。同法により司法機関は、家庭内暴力に対して多様な法的対応手段を確保するようになったと評価できる。

（三）家庭内暴力防止法

同法は、1997 年 12 月 31 日に制定され、翌年 7 月 1 日から施行された。制定理由としては、「家庭内暴力によって家庭が破壊され、家族構成員が身体的・精神的被害を受けているため、暴力を予防し被害者を保護することによって健全な家庭を育成する」ことである[279]。具体的には、家庭の保護・

278）キムウンフェ・前掲注（13）278 頁以下。

279）韓国国家法令情報センターホームページ参照、http://law.go.kr、最終閲覧日：2017 年 8 月 15 日。

維持のための国及び地方自治体の責務、相談所の設置・運営、治療保護に関する内容等について定めている。

同法は、2016年まで19回改正（一部改正12回、他法改正による改正7回）されており、主な改正内容は以下の通りである。

2006年の改正では、法律の目的が「健全な家庭の育成及び家庭の保護と維持」であったため、被害者に対して効果的な支援より家庭の保護に焦点が当てられており不十分であったことから、「被害者に対する保護・支援」に改正された。また、家庭内暴力実態調査の規定を新設し3年ごとに家庭内暴力の実態を把握するように定められた。家庭内暴力の予防のために、国家機関、地方自治体及び学校の長等は、家庭内暴力の予防及び防止のための教育を実施することが義務付けられた。さらに、国家又は地方自治体に家庭内暴力の被害児童に対する就学の支援について規定された。

2009年の改正では、家庭内暴力の被害者の保護のために、家庭内暴力に関する相談、関連機関との連携及び緊急な状況に対応するための緊急電話センター等に関する事項が規定された。家庭内暴力の被害者が加害者から離れた場合、経済的自立を支援するために賃貸住宅に入居でできる優先権が与えられた。また、施行令に規定されていた保護施設の入所・対処に関する規定が同法に移された。

2010年の改正では、まず、緊急電話センター相談所又は保護施設の長は、家庭内暴力の被害者を緊急救助する際、管轄警察署の長に同行を求めることができるようになった。また、保護施設に入所する被害者及び同伴する児童に対する生活費、児童教育費、養育費等に対する支援が可能になった。さらに、家庭内暴力被害者の保護及び支援に関する広報動画を作成し、放送事業者に配布するようにしており、緊急電話センター、相談所及び保護施設の運営実績を3年ごとに評価するように規定した。

2012年の改正では、家庭内暴力に関する通報を受け、現場に出動した警察官が被害者の安全などを直接確認できるようにするため、立入調査に関する規定が設けられた。

2013年の改正では、国及び地方自治体は被害者と家庭内暴力に関する施

第三章　問題解決へ向けた提言

設の職員の保護のための安全対策を講じるようにされており、当該職員を緊急救助する必要があると認められるとき、捜査機関の協力を求めることができるようになった。また、保護施設入所者に対する経済的支援の項目に職業訓練費が追加された。さらに、家庭内暴力に関する通報がある場合、警察官は遅滞なく現場に出動しなければならず、この際、警察官は、現場に立ち入り、関係者に対して質問をすることができるようになった。また、加害者が同調査を拒否・妨害する場合は、500万ウォン（約50万円）以下の科料に処される。

2014年の改正では、家庭内暴力だけではなく、性暴力、強制わいせつなどに関する教育を共に実施することになっており、女性家族部長官は、毎年、当該教育の実施結果について点検するようにし、その結果、教育が不十分であると判断される機関・団体に対して管理者特別教育など必要な措置をとるようになった。

2015年の改正では、被害者情報の流出・漏洩の防止及び保護のために支援体制の構築することが規定された。また、緊急支援センターの職務に被害者及び被害者が同伴した家族構成員の臨時保護が追加された。

2016年の改正では、家庭内暴力の相談所、被害者保護施設及び家庭内暴力関連相談員教育訓練施設の長は、当該施設が一時的中止又は廃止される場合、施設利用者を他施設に移動させるように施設利用者の権益を保護するための措置を取るように規定した。

同法は数回の改正を通じて、相談機関の確保及び適切な援助の提供、自立支援、家族構成員に対する支援、家庭内暴力の予防のための教育の拡充など、被害者保護に資するため、その支援を拡大してきた[280]。

その他、児童虐待犯罪の処罰及びその手続き、被害児童に対する保護手続並びに児童虐待行為者に対する保護処分を規定し、児童の健康な社会構成員

280）ユンドクキョン「家庭暴力防止及び被害者保護等に関する法律の成果と課題」
　　ジェンダーレビュー2017春号（2017）6頁以下。

としての成長に資することを目的として 2014 年 9 月から施行された児童虐待犯罪の処罰等に関する特例法（以下「児童虐待処罰法」と表記する）がある。同法の主な内容は、①児童虐待犯罪の構成要件の新設および処罰の加重、②児童虐待犯罪の手続上の特例、③児童保護事件に対する保護処分、④被害児童に対する保護命令などである[281]。同法によって、保護者が児童を虐待した場合の処罰が重くなっている。たとえば、傷害、暴行、逮捕、監禁によって児童が死亡した場合（児童虐待致死）、無期又は 5 年以上の懲役（同法第 4 条）、児童の生命に対する危険を生じさせ、又は後遺障害若しくは難治疾患に至らしめたときは、3 年以上の懲役となり、加重処罰されることとなった。その他、裁判所は、児童虐待の加害者に対して有罪判決（宣告猶予を除く）を宣告した場合、200 時間の範囲内で再犯予防に必要な受講命令又は児童虐待治療プログラムの履修命令を併科することができる[282]。

　同法は執行から間もないため、その効果についての分析は難しい。しかし、児童虐待に対する司法機関の積極的介入の根拠ができ、保護者の暴行、侮辱をしつけの一環として受け入れてきた過去の態度は誤りであり、処罰対象であると認められたことにより、児童保護に肯定的な効果が上げられるであろう[283]。さらに、児童を虐待した保護者の暴力行為を矯正するため、受講命令や治療プログラムの参加命令が可能になったことも、虐待が繰り返して行われることを予防するうえで役に立つであろう。

二　被害者・加害者への対策

　家庭内暴力処罰法では、検察と裁判所は家庭内暴力事件の性質・動機および結果、行為者の性向などを考慮して家庭保護事件として処理し（第 9 条〜

281）キムスルギ「制定児童虐待犯罪の処罰等に関する特例法検討」法学研究第 24 巻第 2 号（2014）204 頁。
282）カンドンウック「児童虐待行為の処罰及びこれに関する法制の検討」法学論議第 21 巻第 1 号（2014）457 頁。
283）キムスルギ・前掲注（281）225 頁。

第三章　問題解決へ向けた提言

第 12 条）、裁判所が家庭内暴力の加害者に対する保護処分をすることができると規定されている（第 40 条）。同法及び家庭内暴力防止法には、警察などの関係者による取り組みについても定めている。以下では、両法に基づいた家庭内暴力被害者・加害者に対する警察、検察、裁判所の取り組みについて検討する。

（一）警察の取り組み

1　立入調査　2012 年 4 月 1 日、韓国の水原で殺人事件が発生した。その事件が社会的に注目を浴びた理由は、被害女性が殺害される前、警察に電話した際に、警察官が女性の悲鳴を聞いたにもかかわらず、同僚に「夫婦喧嘩のようだ」と言いながら、消極的に対処し、被害女性が殺害されるに至ったからである[284]。警察は、今まで家庭内暴力を軽い夫婦間のトラブル又は喧嘩として取扱う傾向にあり、介入する必要のない個人的な問題として認識してきた。したがって、配偶者暴力等の家庭内暴力の通報を受け、現場に出動しても、積極的に介入することを躊躇した。さらに、家庭内暴力に対する警察の取り組みを明記した法律の不在のために、警察は家庭内暴力を発見しても放置する場合が多かった。［表 3-8］から読み取れるように、警察官のうち、夫婦間の暴力事件に対してややこしいと思う（82.2％）や対応が難しいと思う（80.0％）が多く、当該事件に対する介入について否定的に考える傾向がある。さらに、警察の介入が不要だ、又は、家庭内で解決すべきだと回答した人も半分以上であり、配偶者暴力を公的に介入すべき問題として認識せず、私的領域における問題として、当事者間の解決が望ましいと思う人が多かった。

　家庭内暴力に対する警察の取り組みを改善するために、2013 年、家庭内暴力防止法が改正され、警察が家庭内暴力に介入できる根拠が設けられた。同法第 9 条の 4 において、家庭内暴力の通報を受けた警察官は遅滞なく、現

284）世界日報ホームページ参照、http://www.segye.com/newsView/20120408021257、
　最終閲覧日：2017 年 8 月 15 日。

場に出動することが義務化された。また、現場に出動した警察官は、事件調査のために関連場所に立ち入って調査や質問をすることができる[285]。この際、家庭内暴力行為者は、警察官の業務を妨害してはならず、これに違反した場合500万ウォン以下の科料に処される。

　警察官が現場へ出動する際に捜査機関の長は、緊急電話センター、相談所又は保護施設の長に同行を求めることができ、この求めを受けた者は、正当な事由がなければ同行に協力しなければならない。同改正によって警察官は、家庭内で発生した暴力に積極的に取り組むことが可能になった。家庭内暴力はエスカレートする傾向にあり、早期介入が非常に重要である。このような観点から、同規定が新設されたことは被害者保護のために、効果的であると評価できる。さらに、同法における立入調査と警察官職務執行法における「危険防止のための出入[286]」との間には密接な関係がある。警察が現場に出動した場合、家庭内暴力防止法だけではなく、警察官職務執行法の規定も措置の根拠として活用できることを認知すべきである[287]。

2 緊急措置および臨時措置請求　進行中の家庭内暴力に関して申告を受けた司法警察は即時現場に出頭し、①暴力行為を制止、家庭内暴力行為者・被害者の分離および犯罪の捜査、②被害者を家庭内暴力に関わる相談所又は保護

285）警察官は調査又は質問をする際、権限を表す証票を携帯しなければならず、必要において見せなければならない。さらに警察官は、被害者・通報者・目撃者等が自由に供述できるように、家庭内暴力行為者から離れた場所にて調査する等、適切な措置をとならなければならない（同法第9条の4④、⑥）。

286）同法第7条　①警察官は、第5条第1項・第2項及び第6条第1項に規定した危険な事態が発生して人命・身体又は財産に対する危害が切迫したときにその危害を防止し、又は被害者を救助するためにやむを得ないと認めるときは、合理的に判断して必要な限度内において他人の土地・建物又は船車内に出入することができる。④第1項から第3項までの規定により警察官が必要な場所に出入するときは、その身分を表示する証票を提示しなければならず、むやみに関係人の正当な業務を妨害してはならない。

287）イヨンドン「家庭暴力に対する警察の対応方案考察」警察学研究第13巻第2号（2013）30頁。

第三章　問題解決へ向けた提言

施設に引渡し（被害者が同意した場合に限る）、③緊急治療が必要な被害者を医療機関に送り届け、④暴力行為が再発する可能性がある場合、加害者に臨時措置を申請することができる旨を通知しなければならない（家庭内暴力処罰法第 5 条）。同緊急措置は、警察官が家庭内暴力行為者に対してとる最も強力な措置である。また、ここで注目すべき点は、警察官が①②③④の措置を「とることができる」のではなく「とらなければならない」ことである。家庭内暴力が行われた現場に出動した警察官は、これらの措置のうち、最も適切な措置をとることが義務付けられている。家庭内暴力に対する介入をするか否かが警察の裁量に完全に任されておらず、選択肢を与え、その範囲内で警察官が判断し、被害者保護のために有効な措置を取ることになった。

表 3-8　夫婦間の暴力に対する警察官の認識調査[288]

単位（％）

質問	全くそう思わない	そう思わない	そう思う	強くそう思う
夫婦間の暴力事件のおいて警察の権限は少ない	6.4	35.5	50.9	7.2
夫婦間の暴力事件は他の犯罪に比べてややこしい	1.4	16.4	60.0	22.2
夫婦間の暴力事件は、他の事件に比べて対応が難しい	1.8	18.2	62.3	17.7
夫婦間の暴力事件は、軽微な事件が多く警察の介入が不要だ	5.5	40.5	51.4	2.6
夫婦間の暴力事件は、家庭内で解決すべきだ	5.0	34.5	57.3	3.2
夫婦間暴力の被害者は加害者に対する処罰意思が弱い	1.4	5.0	86.8	6.8
夫婦間暴力の被害者は告訴を取り消す場合が多い	1.4	3.6	85.9	9.1

288）同調査は韓国大邱廣域市警察署で働いている警察官 250 人を対象に 2013 年 7 月 15 日から 30 日まで実施された。回収された調査用紙の中、最終的に 220 部を分析した結果である。ホンテギョン「夫婦間暴力事件に対する警察官の認識に関する研究」治安政策研究第 27 巻第 2 号（2013）90 頁。

176

第二節　韓国制度の検討

　捜査段階の臨時措置手続きは、検事が司法警察の申請又は職権により裁判所に請求し、裁判官が決定する。警察が申請できる加害者に対する臨時措置の種類は、①被害者又は家族構成員の住居又は占有する房室からの退居などの隔離、②被害者又は家族構成員の住居又は職場などに対する 100 メートル以内への接近禁止、③被害者又は家族構成員に対する「電気通信基本法」第 2 条第 1 号の電気通信を利用した接近の禁止、④医療機関やその他の療養所へ委託すること、⑤留置場又は拘置所に留置することなどがある。臨時措置を執行する際、加害者に当該措置の内容、不服方法等を告知し、執行日時・方法を記載した書面は事件記録に編綴しなければならない。

　［表 3-9］は、家庭内暴力への対応方法に対する警察官の認知度を表したものである。警察官のうち、約 90％が緊急措置及び臨時措置について認知しており、これらは非常に高い数値であると思う。しかし、残りの約 10％が認知していないことにも注目すべきである。また、家庭内暴力の被害者

表 3-9　家庭内暴力への対応に関する警察官の認識[289]

項目		数（％）
緊急措置	認知しており、措置をとったことある	95（53.4）
	認知しているが措置をとったことない	69（38.8）
	聞いたことはあるが、よく分からない	14（7.9）
	分からない	—
臨時措置	認知しており、措置をとったことある	84（47.2）
	認知しているが措置をとったことない	72（40.4）
	聞いたことはあるが、よく分からない	22（12.4）
	分からない	—
協力を求めることができる機関の連絡先	知っている	127（71.3）
	知らない	51（28.7）

289）同調査は、2010 年にソウル市内の警察官 180 人を対象に実施された。同表は、そのうち、回収された 178 部に基づいて作成したものである。キムジェヨップほか「韓国警察の家庭暴力事件認識に関する研究」矯正福祉研究第 23 号第 2 号（2011）13 頁。

は、他の犯罪の被害者に比べて、デリケートな心理状態であり、二次被害の防止のため、専門家による対応が求められることもある。それにもかかわらず、警察官の約30％が協力を求められる機関の連絡先について認知していないことについては懸念すべき問題であり、警察官に対する教育が必要であると思う。

　3　緊急臨時措置　この制度は、臨時措置決定を裁判所から受けるまで時間がかかることをうけて、早期対応の困難さを改善するため、2011年の家庭内暴力処罰法の改正によって認められたものである。緊急時、警察は職権によって緊急臨時措置をとることができる。緊急措置をしたにもかかわらず、家庭内暴力が再発する恐れがあり、緊急を要するため、裁判所の臨時措置決定を受けることができない場合、警察官は、職権又は被害者およびその法廷代理人の申請によって、①被害者又は家族構成員の住居又は占有する房室からの退居などの隔離、②被害者又は家族構成員の住居又は職場などに対する100メートル以内への接近禁止、③被害者又は家族構成員に対する「電気通信基本法」第2条第1号の電気通信を利用した接近禁止措置をすることができる（[表3-10]）。

表3-10　家庭内暴力事件の措置状況[290]

区分 年度	検挙件数 （件）	検挙人員			家庭保護事件 送致人員（人）
		総合 （人）	拘束 （人）	不拘束 （人）	
2008	11461	13143	77	12748	1044
2009	11025	12493	87	12064	756
2010	7359	7992	60	7719	450
2011	6846	7272	51	6925	341
2012	8762	9345	73	9272	494
2013	16785	18000	262	17738	1579
2014	17557	18666	250	18416	2819
2015	40822	45549	606	46943	15710

290) 以下の［表3-10］［表3-11］［表3-13］［表3-14］は、韓国警察庁、『2016警察白書』（2016）を参照して作成。

第二節　韓国制度の検討

表 3-11　緊急臨時措置及び臨時措置申請状況

年度　　種類	緊急臨時措置 （件）	臨時措置申請 （件）
2011	14	255
2012	119	702
2013	1002	3789
2014	1046	3378
2015	2313	6488

　緊急臨時措置を行った後、警察は、検察官に遅滞なく措置事実を報告し、検察官は 48 時間以内に裁判所に臨時措置を請求する。緊急臨時措置権が警察に認められたことによって、警察の早期対応の活動幅が広くなったとされている[291]。2013 年 10 月警察庁の発表によると、2013 年 9 月まで被害者保護のための警察の緊急臨時措置と臨時措置申請は、前年と比して約 7 倍に増加したと報告しており[292]、その後も増加し続けている（[表 3-11] 参照）。

　警察による緊急臨時措置の要件として、①家庭内暴力の再犯の可能性、②緊急性が挙げられている[293]。緊急臨時措置は家庭内暴力加害者の居住・移転の自由、財産権などの権利を制限するため、厳格に解釈しなければならない。再犯可能性の有無について判断する際、蓋然性、客観的な判断、被害者の自己決定権などを考慮すべきである。再犯可能性への判断の際、判断者による個人差を最小化し、主観的判断を防ぐために、標準化されたフォーマッ

291）ジョンヒョンミ「家庭暴力特例法の問題点と改正方向」法学論集第 17 巻第 2 号（2012）140 頁以下。

292）2012 年 9 月までの緊急臨時措置と臨時措置申請件数はそれぞれ、96 件、443 件であったが、2013 年 9 月までの件数は、747 件、3001 件であり、前年比 678.1%、577.4%増加した。ソンゼヨン「家庭暴力被害者保護のための緊急臨時措置の法的問題」法学講義第 21 巻第 2 号（2014）4 頁以下。

293）家庭内暴力処罰法第 8 条の 2（緊急臨時措置）①司法警察官は第 5 条による応急措置にもかかわらず家庭暴力犯罪が再発される恐れがあり、緊急を要し法院の臨時措置決定を受けることができない場合、職権又は被害者やその法定代理人の申請により第 29 条第 1 項第 1 号から第 3 号のいずれに該当する措置をとることができる。

第三章　問題解決へ向けた提言

トがある（［表 3-12］参照）。これを積極的に活用することによって、再犯可能性に関する、ある程度客観的な数値が得られると思う。

　また緊急性は、裁判所の臨時措置決定を待つ場合、被害者の保護が不可能であり、又は被害者を危うくする可能性がある場合に限って認められるため、家庭内暴力が再発する恐れがあっても緊急性が存在しない場合は警察による緊急臨時措置は認められていない[294]。

表 3-12　再犯危険性調査フォーマット（2013.6〜現在）[295]

加害者の氏名：　　　　　　　（　．　．　生）　加害者-被害者の関係				
被害者の氏名：　　　　　　　（　．　．　生）　：|				
要因	評　価　項　目			決定項目
当該事件の深刻性	1．暴行の深刻度	下（1）	中（2）	上（3）
	2．臨時措置又は保護処分違反	無（0）		有（1）
	3．混乱している事件現場	無（0）		有（1）
	4．加害者に対するコントロールの難しさ（警察官への反抗等）	無（0）		有（1）
被害者の心理状態	5．現在の心理的混乱状態	無（0）		有（1）
	6．暴力が継続されることに対する恐怖	無（0）		有（1）
家庭暴力の前歴	7．家庭内暴力の頻度（本件除外）	無（0）	1〜2回（1）	3回以上（2）
加害者の性格・心理的特徴	8．暴力の原因として被害者を非難する（暴力の正当化）	無（0）		有（1）
	9．突然怒るなど感情の変化	無（0）		有（1）
	10．アルコール問題（アルコール依存症又暴力当時飲酒）	無（0）		有（1）
＜高危険加害者＞・総点が 7 点以上・総点に係わらず、決定項目に該当する場合	総点：（　　　　　　　　/13 点）			
＜調査者意見＞　　　　　　　　　　　　　　　　＊再犯危険性評価：上　中　下				
調査日時：　　　　　調査者：　　　　所属/職位：				

294）ソンゼヨン・前掲注（292）24 頁以下。

295）警察庁の内部資料、ユンドクギョンほか「家庭暴力事件に対する警察早期対応強化方案」韓国女性政策研究院研究報告書（2014）18 頁から再引用。

4 家庭内暴力専担警察 日本と同様に、韓国においても家庭内暴力は私的な問題として扱われてきた。たとえば、家庭内暴力の通報があれば、警察は即時現場に出動し、必要な措置をしなければならないが、現場に出動することを躊躇したり、出動してもきちんと調査せず、被害者を非難する場合もあった。このような問題を解決するために警察庁は2014年3月7日「家庭暴力専担警察制度」を施行するようになった。家庭暴力専担警察（以下「専担警察」と表記する）は、治安需要が多い地域の警察署に1人配置されており、全国で計138人が配置されている[296]。また、家庭内暴力の被害者の大部分が女性であることを考慮し、専担警察はすべて女性警察官で構成されており、内訳としては主に、過去に家庭内暴力に関する業務を担当した勤務経験者（73人（52.9%））、家庭内暴力対応専門教育の修了者（26人（18.8%））、心理相談資格証の取得者（12人（8.7%））が占めている。

専担警察は、家庭内暴力の被害者に対する保護・支援業務とともに家庭内暴力が発生した家庭に対する継続的な事後モニタリングを実施し、再発を予防する業務を担当する。さらに、当該管轄地域で通報された家庭内暴力事件の状況と出動後の措置やその結果について分析・管理する。専担警察は、当該警察署が認知した家庭内暴力事件をモニタリングして被害の程度を把握し、必要に応じて被害者に連絡したり被害者がいる場所に訪問する。事件が終結した後も、暴力の再発可能性や被害者のための保護施設・相談施設との連携の必要性等について検討する。また、事件として処理されてない場合であっても、被害者の意思を尊重して必要な援助を行う。専担警察のこれらの活動によって、相談所・保護施設との連携など被害者保護措置が増加した（［表3-13］参照）。その他、家庭内暴力の予防のための広報活動も併せて行うが、専担警察は、市民と接する機会が多いため、効果的な広報活動ができると期待される[297]。

---

296) 例えば、専担警察官はソウルに30人、釜山に14人、仁川に8人配置されている。警察庁『2016警察白書』（2016）129頁。

297) ユンドクギョンほか・前掲注（295）24頁以下。

第三章　問題解決へ向けた提言

　また、2014 年 3 月から各警察署の専担警察を中心に地域のカウンセラー・医師・弁護士など民間専門家と自治体が一緒に参加する「家庭内暴力解決チーム（Solution Team）」を構成した。解決チームは、支援が必要な家庭内暴力の被害を受けた家庭を選別し、総合的かつ体系的な支援方法を講じるなど地域社会内の家庭内暴力の問題を解決する「コントロールタワー（Control Tower）」の役割を担っている（［表 3-14］）。さらに、家庭内暴力対応教育チームも構成し、現場警察を対象とする職務教育を実施し、家庭内暴力事件に関する早期対応のチェックと不十分な部分に関するアドバイスをする役割を当該チームが担っている[298]。また、家庭内暴力事件に対しては立件を原則にし、検察に送致する際、積極的に警察の意見を開陳するなどの努力をしている。しかし、このような制度が実際にどれほど実現されているかに関する研究は現時点では十分に行われていない。

表 3-13　被害者への保護措置の状況

単位：（件）

年	相談所・保護施設との連携	医療機関への誘導
2013	7100	3768
2014	13738	4919
2015	21342	5334

表 3-14　解決チーム事例会議を通じた事後支援状況

（2015 年）（人）

開催件数	事後支援実績						
	総合	相談所・保護機関連携	治療支援	法律支援	捜査進行	加害者矯正機関連携	その他
1305	2734	1393	394	268	103	176	400

298）韓国警察署ホームページ参照、http://www.police.go.kr/portal/bbs/view.do?bbsId=B0000011&nttId=15757&menuNo=200067、最終閲覧日：2017 年 8 月 25 日。

（二）検察の取り組み

　家庭内暴力処罰法では、家庭内暴力において刑事処分上の特例と保護処分という二つの特例を規定している。検察は、警察が送致した事件の性格に応じて①刑事事件として起訴すること[299]、②家庭保護事件として裁判所に送致すること、③不起訴処分を下すこと等ができる[300]。検察は、家庭内暴力の動機・結果、加害者の特徴などを考慮し、刑事事件として処理する必要があるときは起訴処分をし、保護処分が適合であると判断する場合は、家庭保護事件として処理することができる。

　さらに、起訴又は保護処分、双方も不適切であると判断される場合は、不起訴処分を下すことになる。検察官が家庭内暴力を不起訴処分にする場合として、犯罪の成立は認められるが、諸般の状況を考慮して起訴しない場合もある。この場合、家庭内暴力行為者に対して制裁が加えられないまま、事件が終結されるため、暴力の再発を予防するための措置がとられず、そのまま放置することになる。これは、家庭内暴力処罰法の目的に符合せず、適切な措置を講じる必要があると主張された。それで 2007 年の同法の改正により、家庭内暴力行為者に対して相談を受けることを条件にし、起訴猶予処分をすることができるような権限が検察官に与えられた。これは、家庭内暴力行為者に対する起訴猶予処分をすることによって発生する問題を解決するために講じられた制度である[301]。

　一般的に家庭内暴力事件が通報された後、警察による捜査までの期間は 1〜2 カ月、検察官の家庭保護事件送致の決定まで 1 カ月、裁判所の受付まで 3 カ月、裁判所による審理期日まで 5〜6 カ月の時間がかかるため、長期間、家庭内暴力の被害者は再び暴力の被害を受ける恐れがある。このような

299）犯罪白書によると起訴率は、家庭内暴力処罰法の施行直後であった 1998 年後半が 31.8％と最も高く、1999 年以降減少しており、2009 年には 10.4％になっている。

300）ジョンヒョンミ・前掲注（291）141 頁以下。

301）ジョンヒチョル/パクチャンゴル「家庭暴力行為者対象相談条件付起訴猶予の効果性分析」国会立法調査処（2013）49 頁。

第三章　問題解決へ向けた提言

問題の改善も同制度の導入目的の一つである。したがって、同制度において家庭内暴力への迅速な対応が強調されている[302]。家庭内暴力加害者が着実に相談を受けることを条件として起訴猶予処分を下し、家庭内暴力に積極的に取り組み、家庭内暴力を予防し、健全な家庭を育成することも強調されている。

　同制度の対象事件は、軽微な家庭内暴力事件に限られる。深刻な家庭内暴力事件（たとえば、傷害が発生したり、凶器などを所持した状態で発生した暴力など）は対象から除外される。その他、当事者たちが家庭を維持する意思がある場合、常習犯及び再犯の恐れがある場合、家庭内暴力行為者にアルコールや薬物依存症があり、継続的な観察が必要である場合、当事者が相談を受けることを求める場合に同制度が適用されることになる[303]。同制度の適応を受けた者は、2007 年に 177 人、2008 年に 488 人、2009 年に 379 人、2010 年に 216 人であった[304]。その後、2011 年と 2012 年は少し減少したが、2013 年からは再び増加傾向にあり、2015 年には 815 人で（［表 3-15］参照）、2007 年と比べて 4 倍以上増加した。

　起訴猶予制度の一環として行われる相談は民間相談所[306]に委託され、相談の時間は加害者の再犯可能性、暴力の程度、本人の態度および相談所と検察官の意見によって決まる[307]。具体的な手続きは以下のとおりである[308]。

302）ジョンヒチョル/パクチャンゴル・前掲注（301）71 頁。

303）イホジュン「家庭暴力事件の相談条件付起訴猶予制度に対する批判的分析」韓国女性の電話連合（2005）4 頁。

304）全体の加害者に対する割合は、2007 年に約 1.4%、2008 年に 3.4%、2009 年に3.1%、2010 年に 4.2%であった。

305）チョギュンソク「韓国における条件付き起訴猶予の運用実態と改善方策」『新時代の刑事法学下巻』（信山社、2016）640 頁。

306）韓国において家庭内暴力行為者を対象とする相談を行う機関は約 120〜200 カ所くらいであると予測されており、具体的にどのような相談プログラムが実施されているかに関して調査したものはない。チャンヒスックほか・前掲注（225）33 頁以下。

307）相談時間は、1 級 40 時間（20 回）、2 級 20 時間（10 回）、3 級 10 時間（5 回）であり、期間は 3 カ月から 6 カ月の範囲で行われる。また、検察官の要請や相談所

第二節　韓国制度の検討

表3-15　家庭内暴力事件の相談条件付起訴猶予の現状[305]

(％)

年度	A 家庭内 暴力事件	B 起訴猶予人員 (B/A×100)	C 相談条件付 起訴猶予人員 (C/B×100)	家庭内暴力におけ る条件付起訴猶予 の比率 (C/A×100)	再犯率
2010	5185	918(17.7)	216(23.5)	4.2	10.8
2011	2939	545(18.5)	173(31.7)	5.9	9.3
2012	3154	493(15.6)	191(38.7)	6.1	6.2
2013	17191	2481(14.4)	499(20.1)	2.9	2.8
2014	23527	2932(12.5)	719(24.5)	3.1	4.2
2015	47007	4802(10.2)	851(17.7)	1.8	4.4

　①家庭内暴力事件を担当する主任検察官は、暴力行為者と被害者を面談した後、家庭内暴力行為者の性格、動機及び結果、被害者の意思、家庭の平和と安全等の諸般事情を総合的に考慮しつつ、家庭内暴力相談所の諮問を得て、加害者が相談を受けることを条件にして起訴猶予処分をすることが適切であると判断した場合「家庭暴力相談依頼通知書」を作成し、相談所に相談を依頼する。

　②相談の依頼を受けた相談所は、7日以内に家庭内暴力行為者と被害者を面談した後、その結果及び対象者の相談適格、相談計画などに関する見解について作成した「家庭暴力面談意見書」を主任検察官に送付する。

　③主任検察官は、相談所における相談が家庭内暴力の解決に効果があると判断すれば、暴力行為者の同意を得て、相談条件付起訴猶予処分をする。この際、主任検察官は、表紙の備考欄に「相談条件付起訴猶予（○○回、○○時間）」「相談委託カード番号○○」を記載する。

の決定によって期間を1カ月（相談は2回）ごとに延長することできる。相談が終了すると相談所は2週間以内に「相談結果通報書」を主任検察官に提出する、シンドンイル/ファンジテ・前掲注（259）41頁以下。

308）韓国大検察庁「家庭暴力事犯相談条件付起訴猶予処理指針」（2008）、ジョンヒチョル/パクチャンゴル・前掲注（301）71頁以下。

第三章　問題解決へ向けた提言

④相談所は、家庭内暴力行為者の「相談委託カード」を作成し、相談手続きに従って相談を行う。相談所は、3〜6カ月間にわたって加害者及び被害者と相談した後、2週間以内に相談結果通報書を検察官に提出する。対象者に対する相談機関は原則的に6カ月、20回、40時間以内であるが、検察官は事案の重大性、再犯可能性によって時間及び回数を決定することができる（1級：20回、40時間、2級：10回、20時間、3級：5回、10時間）。主任検察官は、再犯の危険性がないと判断される場合又は相談所の要請がある場合、決まった期間が経過しなくても相談を終了させることができる。また、決まった相談の期間が終了した後、相談所は相談結果通報書を作成して、主任検察官に提出する。

⑤主任検察官は、相談結果通報書を検討し、相談対象者が誠実に相談を受けた場合は、通報書を専担検察官に送付し、相談を終了する。相談対象者が誠実に相談を受けなかった場合又は再び暴力を振るった場合、相談所は「不誠実相談者通報書」を作成し、主任検察官に提出する。主任検察官は、相談によって家庭内暴力を解決することができないと判断された場合、相談手続きを終了し（相談依頼解除）、事件を再起する。

検察官は、相談方法については、被害者の同意を得て、加害者と被害者が共に参加する方法で行われる場合が多いと報告されている。[表3-15]で確認できるように、相談条件付起訴猶予処分を受けた者の再犯率は、非常に低い水準を維持しており、特に、2014年と2015年は4.5%以下を維持している。その他、相談の効果について、大邱地方検察庁の場合、家庭内暴力が再発した事案は、43件のうち2件であり[309]、他の地方検察庁においても、再犯件数は20件のうち1件から2件に留まっている[310]。また、女性家族部の調査によると、相談は、加害者に身体的暴力、精神的暴力、ストレスの程度などの項目において肯定的な変化をもたらしたと報告されている[311]。相談

309）そのうち、22件は過去再犯経歴が1回から10回まである場合であった。

310）シンドンイル/ファンジテ・前掲注（259）118頁以下。

311）チャンヒスックほか・前掲注（225）234頁以下。

第二節　韓国制度の検討

条件付起訴猶予の処分を受けた同制度の施行効果については、再犯率が低い水準を維持し、ある程度効果があると考えられる。再犯率について毎年調べられておらず、正確に把握することは難しいが、相談条件付起訴猶予処分を受けた者は、相談を受けなかった者と比べて低い再犯率を維持していることは間違いない。今後、相談条件付起訴猶予の効果について定期的な調査を通じて検証しなければならない。また、相談の内容、形式などによって得られる暴力改善効果が異なる場合、それについて分析し、明確なガイドラインを作る必要があると考えられる。

（三）裁判所の取り組み

　裁判所に家庭内暴力事件を移管する場合、家庭保護事件又は刑事事件として処理される。家庭内暴力事件が起訴され、刑事事件として処理される場合、傷害罪、暴行罪、暴行致傷罪などで処罰されるが、非常に深刻な傷害が発生していない場合は、殆どが罰金刑で処罰される。また、不起訴処分の場合は、起訴猶予が3分の1、公訴権なしが3分の2を占めている[312]。

　家庭保護事件として処理される事件は、家庭裁判所又は地方裁判所が管轄する[313]。裁判所が家庭保護事件を調査・審理する場合においては、医学・心理学・社会学・社会福祉学その他専門的知識を活用し、行為者・被害者その他家族構成員の性向・経歴・家庭状況と家庭内暴力犯罪の動機・原因および実態などを明らかにして家庭の平和・安定を回復し、被害者と家族構成員の人権を保護するという目的を達成するために適切な処分がなされるよう努力しなければならないと定められている（家庭暴力処罰法第19条）。

　［表3-16］は、2003年からの家庭保護事件の件数状況を表したものである。2003年から減少傾向にあった総処理件数が2006年に増加したのは、2005年

312）キムジャヨン「家庭暴力防止のための効率的な方案に関する考察―受講命令制度、賠償命令制度及び親権制限を中心に」保護観察第11巻第2号（2011）151頁以下。

313）家庭保護事件の管轄裁判所は、家庭内暴力行為者の行為地、居住地などの家庭裁判所であるが、家庭裁判所がない地域においては、地方裁判所が担う。

第三章　問題解決へ向けた提言

表 3-16　家庭保護事件の申請・処理状況[315)]

年度	申請 （件）	処理 （件）	前年度に対する増減比率（%）	
			申請	処理
2003	5944	5551	17.7	− 10.5
2004	5387	5852	− 9.4	5.4
2005	4553	4405	− 15.5	− 24.1
2006	4221	4792	− 7.3	8.8
2007	4747	4550	12.5	5.1
2008	4865	5132	2.5	12.8
2009	4714	4822	− 3.1	− 6.0
2010	3251	3812	− 31.0	− 20.9
2011	3087	2971	− 5.3	− 22.1
2012	3801	3626	19.0	22.0
2013	6468	5699	70.1	57.2
2014	9489	8586	46.3	50.7
2015	20131	16868	112.2	96.5

の家庭暴力処罰法改正の影響ではないかと推測できる。なぜならば、改正前の同法第37条第1項にある「裁判官が家庭保護事件を審理した結果、被害者の告訴がなければ公訴を提起することができず、又は被害者の明示した意思に反して公訴を提起することができない家庭内暴力のみを対象とする家庭保護事件に対する告訴が取り消され、又は被害者が処罰を希望しない明示上の意思表現があるときは、処分しないという決定をしなければならない」が削除されたためであると考えられるからである。しかし、家庭保護事件として処理された事件の不処分率は約30%で、全体の3分の1を占めている[314)]。

---

314) 家庭保護事件の不処分率は、2008年34.3%、2009年32.2%、2010年33.5%、2011年32.8%、2012年33.3%、2013年31.1%、2014年33.3%、2015年43.4%であった。

315) 韓国法院行政処『司法年鑑』参照。

表 3-17　保護処分の類型別処理状況[316)]

単位：（人）

	1号	2号	4号	5号	6号	7号	8号	1・5号	4・5号	5・8号	その他
2013	64	1	667	668	1	19	1177	44	468	210	399
2014	55	3	887	788	0	34	1831	799	799	400	699
2015	138	2	1366	1673	1	79	2705	86	1326	530	1011

　家庭内暴力は反復したりエスカレートするなど潜在化した危険性があるため、不処分決定をする際は慎重にしなければならない。したがって、不処分決定をした理由と不処分の割合が適当であるかなどに関する検討が十分に行われるべきであろう。

　家庭内暴力処罰法において規定されている家庭保護事件に対する保護処分の種類は以下の通りである（同法第40条）。

　1号　被害者又は家族構成員に接近する行為の制限

　2号　被害者又は家族構成員に電気通信法第2条第1号の電気通信を利用して接近する行為の制限

　3号　家庭内暴力行為者が親権者である場合、被害者に対する親権行使の制限

　4号　保護観察等に関する法律による社会奉仕・受講命令

　5号　保護観察等に関する法律による保護観察

　6号　家庭内暴力防止法による保護施設への監護委託

　7号　医療機関への治療委託

　8号　相談所への相談委託

　これらは併科処分も可能である。単独処分としては、相談委託が最も多く（[表3-17]）、その次が、保護観察、社会奉仕・受講命令の順であった。そのうち、相談委託は2000年には6.2％を占めていたが、2015年には17％と

316）3号の処分は、2013年1人、2014年2人、2015年にはなかった。

第三章　問題解決へ向けた提言

なり、2000 年と比して約 3 倍に増加した[317]。①保護観察と相談、②保護観察と社会奉仕、③保護観察の処分を受けた対象者に対して暴力抑制など介入の効果を比較した研究によると①保護観察と相談が併科された場合が短期的な効果が高いことが明らかになった。しかし、暴力抑制効果は時間の経過によって減少傾向にあった[318]。加害者の暴力行為を抑制するためには、長期的・定期的にチェックすることができる方法を講じる必要があると考えられる。

　家庭内暴力行為者の治療方法は、各機関や学会においてそれぞれマニュアルを開発し、活用してきた。家庭内暴力行為者の特性によって、介入の方法は異なるが、多くの治療プログラムは、認知行動治療等に基づいて構成されてきており、主に、怒りのマネジメント、自尊感の育成、家族問題の解決方法、葛藤の解決などを取り扱っている。韓国法務部が企画した「家庭暴力受講命令専門プログラム」は右頁のとおりである[319]。

---

317) 相談委託件数は、2000 年 285 件、2001 年 348 件、2002 年 448 件、2003 年 332 件、2004 年 482 件、2005 年 650 件、2006 年 783 件、2007 年 703 件、2008 年 586 件、2009 年 845 件、2010 年 735 件、2011 年 501 件、2012 年 627 件であった。

318) チャンヒスク「家庭暴力犯罪に対する司法府介入の効果」社会福祉研究（2007）847 頁以下、チョンユヒ/ソンエチョル「家庭暴力加害者受講命令プログラムの効果検証：短期再犯追跡研究」保護観察第 13 巻第 2 号（2013）62 頁から再引用。

319) チョンユヒ/ソンエチョル・前掲注（318）65 頁。

190

第二節　韓国制度の検討

表 3-18　家庭暴力受講命令専門プログラム

テーマ	内　　　容
Ⅰ 心をオープンにする	セッション 1 ：関係の形成 セッション 2 ：生涯図表を通じて自分を理解する
Ⅱ 家庭内暴力を理解する	セッション 3 ：家庭内暴力に対して正しく理解する セッション 4 ：自分の責任を認める
Ⅲ 自分と家族を理解する	セッション 5 ：大事な家族 1 セッション 6 ：大事な家族 2 セッション 7 ：気持ちを理解する セッション 8 ：欲求を理解する
Ⅳ 家庭内暴力の状況探索	セッション 9 ：家庭内暴力のメカニズム セッション 10：家庭内暴力に対する自己中心的態度を取り扱う セッション 11：感情を理解する
Ⅴ 非暴力的な行動技術	セッション 12：憤怒調節（探索）1 セッション 13：憤怒調節（コントロール）2 セッション 14：否定的思考と暴力 セッション 15：暴力のサイクルと中断法
Ⅵ 非暴力行動障害要素を克服する	セッション 16：意思疎通の理解 セッション 17：聞き方 セッション 18：話し方 セッション 19：自分を伝える方法 セッション 20：ロールプレイング（非暴力的行動技術）
Ⅶ 非暴力行動障害要素を克服する	セッション 21：アルコール セッション 22：ストレス管理 セッション 23：自尊感情
Ⅷ 家族関係を回復する	セッション 24：幸福な家庭づくり セッション 25：ソシオドラマ セッション 26：非暴力的実践計画を立てる セッション 27：心構え及び評価

第三節　問題解決に関する提言

　これまでは、アメリカ合衆国・韓国の家庭内暴力対策・制度について検討した。本節では同結果に基づいて日本の取り組み上の問題の解決方法について検討する。

一　ファミリーバイオレンス法の制定

　家庭内暴力の代表的な類型である配偶者暴力や児童虐待に取り組むため、個々の法律が制定されている。すなわち、配偶者暴力防止法と児童虐待防止法である。このように、対象を絞って法律を制定することによって、具体的な事項を定め、対象の特徴に合わせた取り組みを行うことが可能となる[320]。たとえば、被害を早期に発見する役割を担っている機関は、配偶者暴力の場合は医師そのほかの医療機関[321]、児童虐待の場合は学校、児童福祉施設、病院そのほか児童の福祉に業務上関係のある団体および学校の教職員など[322]と、それぞれ異なっている。法律において具体的な主体と義務を明記することは、被害の早期発見に効果的であろう。また、家庭内暴力の被害に対応する中心的な機関として、配偶者暴力防止法では配偶者暴力支援センターが、児童虐待保護法では児童相談所や児童福祉施設が挙げられている。

　他方、家庭内暴力は、①各類型が重複して発生する可能性が高いこと、②直接の被害者以外の家族構成員にも被害をもたらしうること、③近親者から繰り返し行われる暴力であって被害者の精神的なダメージが大きいことなど、他の一般的な暴力と異なる特徴をもつので、その対策を講じる際には特

320）個別立法のデメリットについては、キムウンフェ・前掲注（13）196 頁以下参照。
321）配偶者暴力防止法第 6 条。
322）児童虐待保護法第 5 条第 1 項。

192

第三節　問題解決に関する提言

別なアプローチが必要となる。したがって、家庭内暴力（配偶者暴力・児童虐待）の特徴を反映した総合的な法律であるファミリーバイオレンス法の制定が必要であると思われる[323]。家庭内暴力に対する総合的な対策を講じるには、まずその根拠となる法律が必要である。家庭内暴力の各類型で共通する特徴を導出し、配偶者暴力と児童虐待に共通するリスクおよび防止要因、各類型間の相互作用を、家族という関係性を念頭に置きつつ探求することが合理的である[324]。

ファミリーバイオレンス法の制定について検討する際に、参考となるのが韓国の法律である。韓国の法律については、第三章第二節でくわしく述べたがここで再度簡単に述べておこう。韓国では、家庭内暴力、特に夫婦間の暴力と親の子どもに対する暴力が深刻な社会問題になっているが、刑事的な介入がこれまで十分に行われず、このことが問題をいっそう深刻化させた[325]。家庭内暴力の持続性と常習性に対する懸念から、国家と社会が積極的にこの問題に介入し解決するべきであるという主張が増えたため、家庭内暴力の対策に関連する二つの法律が制定された。1998 年 7 月から施行された家庭内暴力処罰法と家庭内暴力防止法である[326]。両法は、健全な家庭を育成し、家庭の平穏と安定を回復することを目的とする[327]。前者は、加害者の処罰および再犯予防を図る統制措置を確保することによって被害者を間接的に保護する法律であり[328]、後者は、被害者の被害回復と支援に焦点を合わせた法律である。

323）本書では、配偶者暴力被害者と児童虐待被害者が頻繁に重複発生することから、研究対象を両者に限定したため、高齢者虐待に関しては扱わなかったが、ファミリーバイオレンス法の対象には虐待された高齢者も包含させるべきである。

324）多々良紀夫ほか訳・前掲注（220）81 頁。

325）パクサンギほか・前掲注（274）288 頁以下。

326）両法の内容に関しては、町野朔/岩瀬撤/柑本美和・前掲注（272）180 頁以下参照。

327）パクソンヨン『性暴力・家庭暴力・性売買関連法制整備方案』（韓国女性政策研究院、2007）212 頁以下。

328）家庭暴力犯罪の処罰等に関する特例法第 1 条（目的）この法律は、家庭暴力犯罪の刑事処罰手続に関する特例を定めて、家庭暴力を行った者に対し、環境の調整および性向矯正のために保護処分を行い、家庭暴力によって破壊された家庭の平和

193

第三章　問題解決へ向けた捉言

　韓国の家庭内暴力関連二法は、日本と異なり被害者を特定しないという特徴がある。日本の「配偶者暴力防止法」に類する配偶者間暴力に特化した法律は存在せず[329]、配偶者暴力の場合前述の二法が適用される[330]。家庭内暴力関連二法は、対象を特定しないため、共通するリスクおよび特徴がある被害者に対する総合的な支援ができる。たとえば、家庭内暴力の迅速な通告、被害者の安全保護を目的として、ホットライン制度が設けられた（家庭内暴力防止法第4条の6）。この制度では、家庭内暴力の被害者であれば、配偶者暴力・児童虐待などの類型に関係なく、時間・場所を問わず、発信地を管轄する相談所に電話で相談することができる。

　また、相談内容に基づいて、専門相談機関、保護施設、医療機関、検察・警察、行政機関などと連携し、総合的なサービスを提供する。韓国ではこの二法の制定によって、家庭内暴力が社会的問題として再認識されただけでなく、被害者の保護[331]が充実したものになった[332]。ただし、現行法が家庭内暴力処罰法と家庭内暴力防止法に二元化されていることに対する批判[333]か

　　　および安定を回復し、健全な家庭を育成するとともに、被害者および家族構成員の
　　　人権を保護することを目的とする。

329）片桐由喜「虐待防止法の総合的研究―国際比較と学際領域のアプローチを軸に」
　　　小樽商科大学学術成果コネクション（2012）121頁。

330）しかし韓国では、最近発生した蔚州郡児童虐待死亡事件、塩飯死亡事件などを
　　　契機に触発されて、児童虐待致死、児童虐待重傷害などに対する加重処罰、申告義
　　　務者の拡大などを定めた「児童虐待犯罪の処罰等に関する特例法」が2014年1月
　　　28日に制定され、同年9月29日から施行されている。同法は、最近急速に増加し
　　　た児童虐待加害者の処罰を中心にしている。

331）2011年3月に発刊した「法務部女性統計」によれば、家庭内暴力の処理件数は、
　　　2005年に15498件、2006年に13531件、2007年12807件、2009年12154件であった。

332）ホンチュンヒ「家庭暴力関連法制の改革」家族法研究第25巻第2号（2011）
　　　330頁以下。

333）その理由は、法律の二元化によって、家庭内暴力に対する法的対応において最
　　　も重要な被害者保護に対する接近方法と理解方式が異なる問題がある。家庭内暴力
　　　処罰法では、被害者の安全・保護が中心にならず、加害者の行為矯正および処遇を
　　　通じて間接的に達成する傾向があり、家庭内暴力防止法の被害者保護政策も家庭内

第三節　問題解決に関する提言

ら、両法を統合すべきであるという主張[334]があり、筆者も関係機関の連携を強化し、対策の総合性・統一性を確保するため、両法を統合すべきであると考える。

日本では、児童虐待防止法と配偶者暴力防止法をはじめとする家庭内暴力対策が被害者救済にある程度成功しているとはいえ、家庭内暴力の予防や拡大防止のためには、さらに対策を改善・拡充していく必要がある[335]。現行法の運用の充実[336]はもちろんのこと、新しい施策を導入できる余地があるのならば、その検討も進めていくべきである[337]。そこで、家庭内暴力の特徴を反映したファミリーバイオレンス法の制定が求められる。

ファミリーバイオレンス法の目的を家庭内暴力の予防及び被害者の保護と家庭内暴力が発生した家庭の回復と定め、総合的な取り組みを講じるべきである。具体的には、家庭内暴力の予防、被害者保護を目的とした加害者の矯正と、被害者および家族構成員に対する支援、それを担う機関とその役割などを明記すべきである。同法の制定を通じて、配偶者暴力支援センター・児

暴力処罰法との有機的連携を具体的に定めておらず、別途で展開している。したがって、家庭内暴力の「単一法律の制定」を検討しなければならない、ホンチュンヒ・前掲注（329）368 頁以下、金載敏「家庭暴力関連特別法体系の改善方向」被害者学研究第 21 巻第 2 号（2013）58 頁。

334）ホンチュンヒ・前掲注（332）368 頁。

335）生活安全局生活安全企画課の「平成 24 年中のストーカー事案及び配偶者から暴力事案の対応状況について」によれば、2012 年に認知された配偶者暴力の件数は 43950 件で前年比 9621 件増加し、法施行後最多である。法律の改正などによる対策が行われているにもかかわらず、配偶者暴力は 2003 年から増加している。

336）配偶者暴力防止法に基づいた保護命令の件数をみると、2008 年に 2534 件、2009 年に 2429 件、2010 年に 2428 件、2011 年に 2144 件、2012 年に 2572 件であり、大きな変化がなく、増減を繰り返している。一方、2009 年から 2012 年まで発生した配偶者暴力件数は、増加し続けており、要するに、家庭内暴力件数対比で保護命令を受けた割合が増加していない。すなわち、2012 年の保護命令件数は、前年比 428 件（約 20％）増加したようにみえるが、2012 年の配偶者暴力の件数は、前年比 9621 件（約 28％）増加したため、結局、保護命令比率が減少したことになる。

337）法執行研究会編・前掲注（44）7 頁。

195

童保護センターなどの関係機関の協力を促進することができ、被害の早期発
見、被害者の保護・支援、加害者対策のうえでの効果を期待できる。また、
家庭内暴力の再犯を予防し、早期に対応するために重要な役割を担っている
のが警察官である。警察官の早期対応の重要性と法的機能などについては、
多数の先行研究[338]による実証が行われた。したがって、ファミリーバイオ
レンス法の規定の一部として、警察官の対応方法とその基準を定めるべきで
ある。

二　警察の早期対応

　前述のように、家庭内暴力には、①加害事実が外部から認識されにくい、
②加害行為が繰り返されたり、エスカレートしたりするという特徴がある。
それゆえ、被害の拡大を防止するためには、警察官による早期対応と被害防
止に向けた取り組みが重要である。にもかかわらず、夫婦間の暴行・傷害行
為についてかつて警察は、それが生命や身体に対する重大な法益侵害の結果
を伴わない限り、犯罪として検挙することがほとんどなかった[339]。その背
景には、純然たる個人の私生活、すなわち、ある行為が本人だけに影響を与
える個人の生活行動に、行政機関が干渉することを許さないという「私生活
不可侵の原則（法は家庭に入らず）」があったといえよう。国民は私的領域
における活動の自由を有しているため、それが社会または他人に影響を与

338）田村正博「警察調査における被害者の地位」別冊判例タイムズ第 26 号警察基本
　　判例・実務 200（2010）57 頁以下、原田恵理子「DV 被害者支援策の現状と課題」ジュ
　　リスト第 1409 巻（2010）149 頁以下、宮園久栄「DV 法の検討—DV 罪創設に向けて」
　　藤本哲也先生古稀記念論文集『法学新報第 117 巻第 7・8 号』（中央大学法学会、
　　2011）773 頁以下など。

339）家庭内暴力に対して警察が消極的に取り組んでおり、その対応も不十分である
　　と主張する文献は以下のとおりである。東京弁護士会/両性の平等に関する委員会
　　編・前掲注（35）9 頁、小島妙子・前掲注（46）19 頁、石堂功卓・前掲注（33）98 頁、
　　宮園久栄・前掲注（338）266 頁。

第三節　問題解決に関する提言

え、問題を起こすことを防ぐ必要がある場合に限り、制限を受けることになる。このように、私的領域における警察官のような行政機関の介入に対して慎重な立場をとらなければならない理由は、家庭が公権力の介入を忌避すべきである私的領域として理解されており、警察官の安易な介入を認めることは、近代法の前提を崩す危険をもっているからである。

　しかし、配偶者暴力や児童虐待などを、私的な領域で発生する個人的問題としてのみ把握すべきではない。暴力は、徐々に深刻になる傾向があり、石巻事件[340]のように、被害者だけでなく、他の家族構成員および親族または友人にまで危険がおよぶ恐れがある。この事件では、警察への相談があったにもかかわらず、被害届が出ていないことを理由に、警察が積極的介入を控えていたために殺害事件に発展した[341]。このような弊害を防止するには、警察官の積極的な対応が求められる。

　韓国とアメリカ合衆国は、異なる形式ではあるが、家庭内暴力に対する警察の早期対応の権限が強化されており、その範囲も広がっている。また、その際、警察の裁量に任せるのではなく、一定の基準を決めて、その範囲内で措置を取る方向に変化している。さらに、警察官の主観的判断による場合、高度の専門性を備えた者であっても誤って判断をする恐れがある。このような問題を防ぐためには、アメリカ合衆国の家庭内暴力行動チェックリストや韓国の再犯危険性調査なども参考となる。各国の文化や法制度等が異なるため、当該基準をそのまま受けれることはできないが、対応する者によってばらつきが生まれることや誤った判断をすることを防止するために、基準を定める必要性があると思われる。

　家庭内暴力の通告を受けた警察官は、被害を届け出る意思が被害者にない

340）この事件は、2010 年 2 月から 9 日まで、元内縁の夫の DV について 12 回の相談が警察に対してなされ、同月 10 日に被害届などを受理することになったが、同日、加害者が自宅に訪れ、姉、友人を殺害し、現場にいた男性も刺して、DV 被害者を連れ去った事件である。仙台地判平成 22 年 11 月 25 日 LEX/DB25443082、仙台高判平成 26 年 1 月 31 日 LEX/DB25503005 参照。

341）宮園久栄・前掲注（338）789 頁以下。

197

第三章　問題解決へ向けた提言

場合であっても、類似の事例における加害者行動の特徴や、他の家族構成員に対する危害の可能性などを説明して、届け出の必要性があることを説得すべきである。また、被害届がない場合であっても、状況が急展開して深刻な犯罪につながることが少なくないことを考慮し、必要性が認められるときは、できるだけ早期に保護措置を講じるべきである。韓国では、2011 年家庭内暴力処罰法の改正により、警察官に緊急臨時措置の権限が付与された。従来は通常の臨時措置が決定されるまで 7 日を要したことから、警察の早期対応手段としては限界があり、これを克服することが改正の趣旨であった。改正法では、警察官による緊急措置が講じられたにもかかわらず、再犯の恐れがある場合、職権または被害者および法定代理人の申請により臨時措置[342]をとることが可能になった[343]。家庭内暴力は反復する可能性が高いため、警察官の早期対応は被害者保護の観点から重要である。他方で、警察官の恣意的な判断を防ぐため、過去の事例を分析し、具体的な事案に即する行動指針を定めなければならない。たとえば、警察官が 1 回目の通報を受けて現場に行った場合は警告、2 回目は退去命令、3 回目は 1 日間留置の措置がとれる権限を与えることなど、一定の基準を定めることが考えられる。また、外部から発見されにくいという家庭内暴力の特徴に鑑みれば、警察官の早期対応体制の効果を上げるには、家庭内暴力に関する国民の認識を高め、警察への通報・法的対応、相談などにつながるよう促進しなければならない。

---

342) すなわち、同法第 29 条の臨時措置のうち、退去等隔離、100 メートル以内接近禁止、電気通信利用接近禁止の一つの措置をとることができる。また、緊急臨時措置後、警察官は、遅滞なく検事に報告し、検事は 48 時間以内に法院に臨時措置を請求しなければならない。

343) チョンヒョンミ「家庭暴力特例法の問題と改正方向」法学論集第 17 巻第 2 号（2012）140 頁以下。

第三節　問題解決に関する提言

三　加害者の更生

（一）　家庭内暴力の加害者に対する伝統的刑事制裁

　家庭内暴力に対する現行法上の対策としては、被害者の一時保護、保護命令、自立支援などがあり、これらは主に被害者とその家族の保護や安全確保を目的としている。これに対して、当事者のもう一方である加害者に対する受刑後の処遇などについては、これまでほとんど議論が行われておらず[344]、本格的な実証的調査も見るべき成果をあげていない[345]。すなわち、家庭内暴力に対する日本の取り組みは、主として被害者を対象にし、被害者を逃がすことと被害者に対する精神的な相談・治療にかなりの力を注いできた[346]。しかし、加害者自身が暴力行為に対する責任を負わず、被害者が家庭を捨てて逃げることを余儀されなくされる現状は不公平などであると考える。さらに、加害者の暴力性向を矯正する取り組みがない場合、暴力行為の改善が期待できず凶悪化して傷害や殺人にまで至る恐れがある。このような潜在的な犯罪の危険性を除去し、国民を犯罪から保護し、社会の安全を保つことが刑法の重要な役割である。

　刑法には、規制的機能、秩序維持機能、自由保障機能がある。特に、秩序維持機能は、国家が刑法を手段として犯罪者を処罰し、国家的秩序ないし社会的秩序を維持するというものである。秩序を維持するために刑法がもつ社会的機能としての一般予防機能と特別予防機能は、どちらも欠かせない重要な役割を担っている。すなわち、刑法には、国民一般を犯罪から遠ざけると

344）　過去には、私的領域における国家の介入を忌避する傾向があったが、家庭内暴力が深刻化され社会的な問題になり、積極的取り組みが求められたため、家庭内暴力に関する従来の議論は、家庭内という私的領域への法的介入の是非や被害を受けた者に対する救済・支援などが中心であり、加害者への対応策については、十分に検討されなかった。

345）　朴元奎・前掲注（134）428頁以下。

346）　信田さよ子・前掲注（179）33頁。

199

ともに、すでに罪を犯した者は、再び同じような行為をしないようにする機能を有している、これが一般予防機能と特別予防機能である[347]。そのうち、暴力の反復・エスカレートの傾向にある家庭内暴力の加害者の暴力行為を矯正し、犯罪の再発を予防する特別予防機能が重要な意味をもつ。したがって、家庭内暴力を予防し、再発を防ぐために、より効果的・合理的な刑事的介入策を講じなければならない。本章第二節において検討した韓国の相談条件付起訴猶予制度、裁判所の保護処分制度、専担警察制度、アメリカ合衆国の義務的逮捕制度、令状なし逮捕、逮捕奨励制度、加害者に対するプログラムへの参加命令などは再発防止に向けた特別予防的観点から行われた具体例であるといえよう。

　家庭内暴力に取り組むため、被害者と加害者を引き離すだけでは、家庭内暴力問題を真に解決したことにはならない。すなわち、国家による強制力によって、単に被害者と加害者を引き離しただけでは、真の問題を放置するに等しくなってしまうであろう[348]。また、加害者に対して罰金刑、懲役刑などの刑罰を科すことは、被害者の保護・支援にとっては役に立たないだけでなく、たとえば、経済的・社会的依存関係にある被害者と加害者においては、むしろ被害者を経済的な苦境に立たせる恐れがある。家庭内暴力加害者の暴力をやめさせ、再犯を防止するためには、加害者の更生にある程度効果を上げている諸外国の取り組みを検討し、日本における示唆を得る必要があると考えられる。本章第一節と第二節では韓国とアメリカ合衆国の取り組みについて検討した。そこで、以下では日本における加害者対策に関して述べる。

（二）新たな刑事制裁としての加害者対策

　これまで、家庭内暴力防止のためには、加害者対策が重要であることを何度も強調した。諸外国においては、加害者の暴力行為をやめさせるために、

347）佐久間修『刑法総論』（成文堂、2014）4頁。

348）細井洋子/西村春夫/高橋紀夫『修復的正義の今日・明日―後期モダニティにおける新しい人間観の可能性』（成文堂、2010）53頁。

第三節　問題解決に関する提言

カウンセリング、プログラム参加などの更生を中心にした対策が行われており、その効果も検証されている。しかし、日本では加害者更生プログラムを実施している機関はあるが、その参加は法的には義務付けられていない。内閣府の「配偶者からの暴力の加害者更生に関する検討委員会報告書（2006年6月）」によると、日本のように任意参加によるプログラムを実施した場合、①自分の行動・認識を改善しようとする加害者のみが参加するため、その行為・認識を矯正する必要性が高い加害者の参加を期待することが難しいこと、②相手の復縁を求める口実、裁判における心証を良くしようとするなどプログラムの本来の趣旨と異なる意図からプログラムを受講する可能性があることなどが問題として指摘されている[349]。

　家庭内暴力の問題を解決し、新たな被害を防止するために、加害者更生プログラムの義務化および積極的な活用の必要があると思われる。その方法としては、第一に、矯正施設において加害者プログラムの参加や個別的な指導などを行うようにしなければならない。現在は、矯正施設における家庭内暴力加害者に対する特別な配慮は存在せず、作業中心の矯正処遇を行っている。このような伝統的刑罰の抑止効果については、アメリカ合衆国で数多くの実証的研究によって疑問視されている[350]。家庭内暴力のように暴力がエスカレート、反復する傾向にある犯罪は、加害者の暴力行為を矯正することが重要である。したがって、単なる懲役刑だけでなく、暴力行為の矯正に向けた取り組みが必要だと思われる。

　第二に、暴力の程度が大きくない場合や保護命令違反に対しては、懲役刑でなくプログラム参加を義務付ける制度を設けるべきである。軽微な暴力を振るった加害者に対して懲役刑を下すことは、家族の繋がりが絶たれ家族関係の崩壊を招来したり、家族構成員に経済的な窮乏をもたらす恐れがある。また、家庭内暴力の程度が軽微である場合、短期自由刑に処される可能性が

349）特定非営利活動法人女性ヘルプネットワーク/福島県新社会推進部男女共同参画推進課「DV加害者対策等に関する調査研究報告書」（2009）45頁。

350）朴元奎・前掲注（134）435頁以下。

第三章　問題解決へ向けた提言

あるが、短期自由刑は、①収監期間が短いため、教育・改善効果が乏しい、②家族の物質的・精神的な困窮をもたらすのみで、受刑者の釈放後の社会復帰も困難にさせる[351]などの問題点がある。したがってこのような場合、懲役の代替手段としてのプログラム参加について検討する必要があろう。また、「家庭内暴力の程度が大きくない場合」又は「軽微な暴力」など代替手段の対象となる事案についてその明確な基準を定めなければならない。

　第三に、家庭内暴力が処罰の対象とならなかった場合であっても、将来的には暴力が発生する危険性が高いため、必要に応じて積極的な介入が求められる。このような観点から、韓国では家庭内暴力専担警察、アメリカ合衆国では義務的逮捕制度、家庭内暴力について専門的な知識を有している人材の養成、令状なし逮捕、検察による起訴強制制度などが施行されている。しかし、このような積極的な介入については検討の余地があり、日本においても評価が割れている。たとえば、アメリカ合衆国の義務的逮捕については、小島妙子は、逮捕だけでは家庭内暴力犯罪の予防とならないこと、逮捕に「処罰としての逮捕」という機能を任せることは警察権限濫用のおそれがあることなどから反対している[352]。一方、吉川真美子は、アメリカ合衆国では、義務的逮捕が警察官のジェンダーバイアスによる恣意的な逮捕回避を防止し、被害者保護に役に立っているとして賛成している[353]。このように、アメリカ合衆国の家庭内暴力関連制度については、賛否両論ある。さらに、日本とアメリカ合衆国は、法体系が異なるため、今後の導入可能性に対しては慎重な検討が求められると思う。また、日本において専担警察制度をすぐ導入することは難しく、同制度による家庭内暴力の防止がどのくらい効果を上げているかに対する検証もまだなされていない。したがって、同制度の効果について注視しながら、家庭内暴力に対する警察官の教育を実施し、専門知

351）斉藤静敬/覺正豊和・前掲注（180）120頁以下。

352）小島妙子・前掲注（46）140頁以下。

353）吉川真美子『ドメスティック・バイオレンスとジェンダー——適正手続と被害者保護』（世織書房、2007）、岩井宜子・前掲注（67）235頁以下から再引用。

第三節　問題解決に関する提言

識を有する者を養成する必要がある。

四　家庭内暴力に関する意識改善および広報

（一）「家庭内暴力は明らかな犯罪」というメッセージ

　法からのメッセージ（規範）が国民に伝達されることによって、国民はそのメッセージに対する反応としての適法行為を自発的にとる。この適法行為の選択は、自己の利益を守ること、合理的計算、自分の行為に対する社会的影響、良心などによって決まる。暴力行為者に対する法の予防効果としては、①発覚・処罰のリスクのため犯行を思いとどまらせる威嚇効果、②一般の道徳規範を強化して犯行を阻止する道徳形成的・教育的機能、③習慣的遵法行動を促す効果があげられる。また、法律が制定されると法と国民とのコミュニケーションを通じて、「家庭内暴力は明らかな犯罪である」という規範が改めて形成され、暴力のない社会に向けて社会が変動する[354]。さらに、被害者は自分が受けた行動が犯罪であることを認識し、関係機関に相談したり、警察に訴えたりするなどの行動を起こすようになる。このように法律の知識を得ることが、将来的に暴力行為者、被害者、国民による犯罪予防に肯定的な影響を与える。この影響は家庭内暴力において顕著である。家庭内暴力は、家族・親密な関係の間で行われるため、加害者意識・被害者意識が希薄である。加害者は暴力を振るうことに罪悪感を覚えず、反復的に暴力を行ったり、暴力をエスカレートさせたりすることが少なくない。被害者も加害者が自分の家族であるため、子どもや家庭を守る必要性などから、暴力を我慢する。しかし、家庭内暴力は当事者が訴えない限り、外部からは発見しにくいため、このような当事者の意識を改善することが重要である。したがって、家庭内暴力に関する情報を周知させることが必要である。

　本書では家庭内暴力に関する情報や知識に関する調査結果を紹介した。そ

354）鈴木隆文／後藤麻里『ドメスティック・バイオレンスを乗り越えて』（日本評論社、
　　1999）197頁。

第三章　問題解決へ向けた提言

れによれば、配偶者間暴力のうち、身体的暴力が家庭内暴力に当たることは
広く認識されていた。一方、脅す・大声で怒鳴るなどの言動が家庭内暴力に
当たると認識していた者の割合は、身体的暴力の場合の半分程度であった。
また、暴力を受けた場合の相談先に関する情報がなく、「家族および知人」
に相談すると回答した者の割合が高かった。法律の周知度が低いという問題
もある。2011 年の調査によると、配偶者暴力防止法の存在とその内容とを
共に知っている者は、約 1 割程度であった[355]。家庭内暴力にあたる行為に
関する知識を持つことや、保護・支援制度および専門家による相談機関の存
在を認識することは、家庭内暴力への早期対応を促進し、被害者を支援する
うえで効果があるだろう。また、家庭内暴力の相談先のうち、最も高い割合
を占めているのが「家族および知人」であることを考慮し、家庭内暴力の当
事者や関係機関だけでなく、相談を受ける可能性がある一般国民に対しても
広報し、家庭内暴力に関する基本知識を習得するように勧めるべきである。

　広報の方法としては、パンフレットやポスターの配布などが考えられる
が、他にも、講演会・研修会、シンポジウムなども活用できるだろう。同時
に、小学校・中学校・高校など若年層にも教育する必要があり、その際、年
齢に応じて漫画・アニメーションなどを通して分かりやすく実施することが
効果的であろう。また、外国人や障害者などの弱者は被害者になりやすいた
め、パンフレットの翻訳版を作成するなどして適切な情報提供が実現される
よう配慮すべきである。内容としては、①具体的にどのような行為が家庭内
暴力にあたるのかの説明、②家庭内暴力が犯罪となる重大な人権侵害である
ことの明示、③暴力を受けた場合の適切な対応法の解説などを中心とし、国
民が家庭内暴力に関して知識を得られるよう努めるべきである[356]。

（二）家庭内暴力の実態調査

　内閣府男女共同参画局は、配偶者暴力法第 25 条に基づき、1999 年から 3

355）内閣府男女共同参画局「男女間における暴力に関する調査報告書」（2012）13 頁。
356）内閣府ほか・前掲注（109）36 頁以下。

年ごとに「男女間における暴力に関する調査」を実施している[357]。調査の項目・対象・内容などは時々の必要性に応じて変化している。この調査は、家庭内暴力に関する調査のうち、最も大規模であり、代表的な調査であるといえよう。したがって、配偶者暴力に限らず、配偶者と関係の深い児童虐待に関しても共に調査することが、状況の把握のため効果的である。現在まで5回実施されたこの調査のうち、配偶者暴力が児童に及ぼす影響などに関して調査が実施されたのは2回だけであった。家庭内暴力の特徴を考慮しつつ、配偶者暴力と児童虐待の重複発生可能性および配偶者間の暴力の目撃が児童に及ぼす影響を勘案し、配偶者暴力が発生した場合、児童虐待の有無と児童に及ぼす影響に関して共に調査すべきである。

五　被害者に対する支援

　被害者が加害者から逃れるために家庭を離れる場合、被害者が自立して生活できるように支援することが法律で規定されている[358]。被害者の自立に最も重要なことは、被害者やその子どもが安定的に生活できる住居を確保することである。「住宅確保要配慮者に対する賃貸住宅の供給の促進に関する法律」に定める住宅確保要配慮者には家庭内暴力の被害者が含まれうることを踏まえ、都道府県および市町村は、被害者の自立のために住宅の確保に努めるべきである[359]。

　また、家庭内暴力の被害者が経済的に最低限度の生活を維持できない場合、生活保護制度の適用対象にもなる。しかし、被害者の自立問題を根本的

357）この調査は全国の20歳以上の男女5000人（2005年度以前は4500人）を対象に、無作為抽出により、1999年、2002年、2005年、2008年、2011年において行われた。

358）配偶者暴力防止法第8条の3において、社会福祉法に定める福祉に関する事務所は、生活保護法、児童福祉法、母子および寡婦福祉法その他の法令の定めるところにより、被害者の自立を支援するために必要な措置を講ずるよう努めなければならないこととされている。

359）内閣府ほか・前掲注（109）26頁以下。

第三章　問題解決へ向けた提言

に解決するためには、一時的な保護費の支給よりも、被害者が自らの労働により生活費を得られるようにすることが重要である。そのため、支援センターは被害者との相談により、状況に応じて職業訓練施設、公共職業安定所などに関する情報を提供しつつ、適切なアドバイスをしなければならない。現在、公共職業安定所および職業訓練施設においては、被害者のための特別な支援措置は存在せず、被害者が来所した際に状況に応じたきめ細かい就業支援を行うこととしている。しかし、この支援を受けた被害者の数や就業に成功した被害者の数などのデータがないため、その効果を把握することができない[360]。就業した被害者の数、職業選択傾向、支援の内容などに関するデータを把握し、分析することは、敏感な被害者へのアドバイスの失敗を減少させるため参考となり、見本にできると考えられる。

　被害者の自立支援は、住宅確保、就業支援、子どもの就学の問題など様々な課題に直面しており、問題解決に関わる機関も多岐にわたる[361]。関係機関の情報共有と協力が自立支援の成功に大きく影響する。したがって、このような活動において中心になる機関を決め、自立支援プログラムを策定・実施すべきである。また、相談を通じて、被害者の状況に関して十分に理解している者による同行支援を行い、被害者の不安や負担感を軽減させるべきである。

360）総務省「配偶者からの暴力の防止等に関する政策評価書」（2009）8 頁以下。
361）内閣府/国家公安委員会/法務省/厚生労働省「配偶者からの暴力の防止及び被害者の保護等のための施策に関する基本的な方針」（2013）20 頁以下。

結　語

　家庭内暴力は、一般的類型の暴力とは異なり、反復的に発生する傾向があるにもかかわらず、私的な空間である家庭の中で行われるために頻繁に隠蔽されてきた。しかし、家庭内暴力は、個人に身体的・精神的苦痛を与えるとともに、社会全体にとっても弊害を伴う。これを深刻な社会問題として認識し、家庭内暴力に関する特別法が制定され、家庭内暴力の専門機関が設立されるなど多様な対処がなされてきたが、現在も家庭内暴力の重複発生に対する認識の不足、関係機関の連携、児童虐待の範囲などに対して様々な問題が提起されている状態である。このような認識から本書では、まず家族および家庭内暴力の特徴に関して考察し、この特徴によって発生する被害者・加害者対策上の難点を考察した。その後、家庭内暴力の実態、現在行われている被害者の保護・支援制度および加害者対策を検討し、対策上の問題を導き出した。まとめると、以下のようになる。

　まず、家庭内暴力は二つ以上の暴力が同時に発生する可能性が高く、それらの被害者を一緒に保護・支援する方が効果的である。現在の日本では、家庭内暴力の類型である配偶者暴力や児童虐待などに取り組むためにそれぞれの法律が定められている。対象を限定し、法律を定めていることによって、対象の特性に合わせた被害者保護・支援が可能となる。その一方、被害対応のために核心的な役割を担う機関や根拠法律が異なっているため、機関間の連携が円滑にされていないという問題がある。家庭内暴力は、家族間で発生する暴力であるために、他の犯罪とは異なる特徴があり、被害者を保護し、ニーズに合わせた援助をすることは容易ではない。したがって、一つの機関の努力だけでは足りず、複数の機関が連携しなければならないが、各機関の理念・仕組み・役割等の違いによって、緊密な連携に困難が伴う。そこで、関係機関の連携の根拠となる法律を制定する必要がある。

結語

　次に、被害者の保護・支援のために家庭内暴力に関する情報の広報、実態調査、警察官による被害の防止などが行われている。しかし、家庭内暴力に関する国民の認識は不足しており、関連法の主な内容についても国民に十分周知されていない。家庭内暴力は潜在化しやすい特徴があり、当該被害を顕在化するためには、被害者の意識改善とともに、家庭内暴力に関する相談を受ける側の認識も向上させるべきである。実際に、配偶者暴力の相談先は、公的機関より、家族及び友人が圧倒的に多かった。家庭内暴力は身近な犯罪として、どこでも発生する。それで、家庭内暴力に係わる職務者だけではなく、一般国民に広く知られることが必要である。また、暴力が再発する恐れがあることから警察の早期対応が被害者保護・暴力防止の観点から重要な意味をもつが、警察官による被害の防止は努力義務にとどまっている。すなわち、配偶者暴力防止法は、警察の役割や被害者保護のための措置に関して明記しておらず、警察の被害者の保護に関する役割は警察法および警察官職務執行法などに委ねられている。家庭内暴力を防止するために、核心的な役割が期待されるのが警察による早期対応である。諸外国においても、家庭内暴力の防止のために、警察の役割・権限が徐々に強化されている傾向にある。日本においても警察による早期対応の在り方について検討すべきである。

　最後に、家庭内暴力の反復を防止するために加害者の暴力行為を矯正することが重要である。しかし、現在の取り組みは、被害者への援助が中心となっている。被害者のニーズに合わせた十分な援助が行われても、加害者の暴力行為をやめさせない限り、暴力が続き、被害者は安心して生活することができない。したがって、加害者に対する取り組みも重要な意味をもつ。加害者の暴力を抑止するため、短期自由刑などの刑罰を科すことは、暴力抑止よりむしろ副作用が生じる恐れがある。したがって、暴力をやめさせるために、加害者に家庭内暴力について理解させ、改善指導を行う必要がある。

　以上のような問題を解決するために、手がかりとなるアメリカ合衆国のグリーンブック・イニシアティブ政策と加害者治療プログラム、韓国の法律および警察・検察・裁判所による取り組みを検討した。本書で考究した結果として得られた日本における家庭内暴力問題の解決方法は、以下のようにな

る。

（1）　まず、被害者を保護するために総合的な支援、家庭の平穏を維持することを目的とするファミリーバイオレンス法を制定する必要がある。家庭内暴力は児童虐待、配偶者暴力などが同時に存在する可能性が高く、たとえば配偶者暴力のみが存在する場合であっても、暴力を目撃した児童に児童虐待を受けたような精神的被害を与えるなど、その影響は被害者だけでなく他の家族構成員にも及ぶ。さらに、親密な関係にある家族によって反復的に暴力を受けることは、被害者に甚だしい衝撃を与える。このような特徴を反映し総合的な支援を行うため、根拠となる法律の制定が必要であろう。家庭内暴力は一人の加害者によって複数の被害者が生じる可能性が高く、暴力を発見した場合、潜在化している被害者を発見するため、他の家族構成員に対する被害調査を行い、保護・支援をしなければならない。このような内容をファミリーバイオレンス法に盛り込むことが、潜在化する傾向にある家庭内暴力の顕在化に効果的であると期待される。他方、関係機関の連携を促進するために、法律の改正を含んだ様々な努力が行われてきたが、現在も関係機関の情報共有・連携が十分に行われていないと指摘されている。そこで同法の制定を通じて、法的根拠が一本化されることにより、配偶者暴力支援センター・児童保護センターなどの関係機関の協力を促進することができると思われる。

（2）　家庭内暴力の拡大を防止するためには、警察による早期対応を強化すべきである。アメリカ合衆国・韓国における家庭内暴力への取り組みは、方法・強度の差がある。アメリカ合衆国の方が韓国より強力な手段を用いているが、ここには共通点もある。それは、「警察の役割強化」である。家庭内暴力に関する通報があるとき、最も早く現場に出動するのが警察であり、警察の対応によって被害者の運命が変わると言っても過言ではない。しかし、私生活不可侵の原則に基づき、警察は家庭内の問題への介入を躊躇してきた。家庭内暴力は反復する可能性が高いため、更なる被害防止を目的とする警察の早期対応は、被害者保護の観点から重要である。家庭内暴力の現場に出動した警察が恣意的な判断により措置をとらないことを防ぐため、警察の

取り組みに関する基準を定めなければならない。過去の事例を分析し、具体的な事案に即する行動指針を立てることを検討すべきである。この際、参考になるのがアメリカ合衆国と韓国の暴力の危険性評価である。家庭内暴力の危険性に対する警察官の主観的判断の誤りや個人差を最小化するためには、客観的かつ統一性のある基準を設け、それに基づいて判断するようにしなければならない。家庭内暴力を防止するために、カギを握っているのは警察である。警察の役割を強化するとともに、教育を通じて家庭内暴力に対して正しく理解するように努めるべきである。

（3）　加害者に暴力行為をやめさせることが家庭内暴力の根本的な解決方法であるにもかかわらず、日本では、家庭内暴力に対する制裁として、暴力行為を矯正するためのプログラム受講命令制度は存在しない。そこで、加害者矯正・更生のための特別措置を導入するよう検討すべきである。家庭内暴力の場合、被害者が加害者との親密な関係や依存関係から、被害を受けた後も家庭から離れず、加害者との関係を維持しようとするケースが少なくない。また、加害者に刑罰が科されることによって、被害者が経済的・社会的困難を抱えることがあるため、刑罰以外の手段を用いて、加害者・被害者に経済的・社会的不利益を与えず、加害者を矯正・更生させる仕組みが必要である。具体的に、専門家との相談、治療プログラムへの参加、受講命令などの制度の導入などが考えられる。また、諸外国のケースを調査し、予測される効果や実行方法などを考察することも重要である。

（4）　家庭内暴力に関する知識を得ることは、将来的に暴力行為者並びに被害者の減少や国民による犯罪予防に肯定的な影響を与える。それにもかかわらず、上記で検討したように、配偶者暴力防止法の存在・内容および家庭内暴力に関する情報への国民の周知度は低い。これは看過できない問題であり、周知度を引き上げるために関連情報を積極的に広報すべきである。また、内閣府男女共同参画局は、配偶者暴力防止法に基づいて「男女間における暴力に関する調査」を実施している。同調査は、規模が最も大きく、家庭内暴力に関する代表的な調査である。したがって、配偶者暴力に限らず、配偶者と関係の深い児童虐待に関しても共に調査する必要がある。家庭内暴力

の特徴を考慮しつつ、配偶者暴力と児童虐待の重複発生可能性および家庭内暴力の目撃が家族構成員に及ぼす影響を勘案し、調査の対象を拡大すべきである。

(5)　被害者は、経済的な問題から暴力を受けても加害者から逃れない場合がある。このような被害者に対しては、被害者やその子どもが安定的に生活できる住居を確保することが重要である。また、家庭内暴力の被害者が経済的に最低限度の生活を維持できない場合、生活保護制度の適用対象になるが、被害者の自立を支援するためには、自らの労働により生活費を得られるようにすることが重要である。そのため、家庭内暴力関連機関は、状況に応じて職業訓練施設などに関する情報を提供しつつ、適切なアドバイスをしなければならない。

　日本における家庭内暴力への対策は、以上の問題が存在している。家庭内暴力は個人的な問題でなく、放置してはならない社会的な問題である。また、家庭に関連した犯罪に関する問題としてストーカー犯罪がある。家庭内暴力とストーカー犯罪は親密な関係間で行われ、エスカレートし、反復するという共通の特徴があるため、両者の構成要件、法律上の問題、取り組みなどについても検討・研究が必要である。

　さらに、家庭内暴力は、刑事法の狭い一分野の問題にとどまらず、日本国憲法第14条の法の下の平等、第24条の両性の本質的平等などの基本的人権にかかわる問題である。また、日本国内にとどまらず、1993年に国連総会で決議された「女性に対する暴力撤廃宣言」や、1990年発効の「児童の権利条約」にも関わる国際的な人権問題でもある。

初出一覧

本書は、以下の論文をもとに加筆・修正し、再構成したものである。

「配偶者暴力・児童虐待被害者の保護」　阪大法学第 63 巻第 2 号（2013）

「家庭内暴力の実態と被害者に対する支援状況」

阪大法学第 63 巻第 5 号（2014）

「家庭内暴力の取組上の問題と解決方策」　阪大法学第 64 巻第 2 号（2014）

「家庭内暴力加害者への対策—治療プログラムを中心に—」

阪大法学第 64 巻 6 号（2015）

あとがき

　本書を執筆するにあたって、これまで多くの方々の支えがありましたことをここに記しておきたいと思います。

　まず、大阪大学大学院時代から現在に至るまで公私ともどもお世話になった島岡まな先生には、格別の謝意を表します。また、学部時代から指導していただいた孫 㑊 権先生、それから、博士論文の指導と審査をしていただいた佐久間修先生、松田岳士先生にも深謝する次第であります。

　交換留学生の時、指導教官であった林智良先生を含めて、大阪大学大学院法学研究科、高等司法研究科の先生方に多くのご助言をいただきました。また、いつも適切なご指導、ご助言をくださった葛原力三先生、佐川友佳子先生、朴ジュヨン先生、崔鍾植先生、村越一浩先生に心から感謝いたします。

　博士論文の執筆に際して、研究・調査などで悩んでいる時、支え続けて下さった田中敬三ご夫妻、藤原肇さん、木村実先生、児林健太さん、塗斯諾さん、金柱奉さん、酒井高子さん、渡辺理和さん、馮茜さんほか、ここには記しませんが多くの方々に謝意を表します。

　なお、本書の刊行は 2017（平成 29）年度大阪大学教員出版支援制度によるものであることを明記します。ご支援いただいた大阪大学および大阪大学出版会に深く感謝いたします。最後になりましたが、大阪大学出版会の大西愛さんに本書の作成についてご尽力をいただきましたことを記して感謝の意を表します。

　2018.11

　　　　　　　　　　　　　　　　　　　　　金ジャンディ

索　引

あ　行

アメンドモデル　157，161
一時保護　74
一般改善指導　89
イマージモデル　157，161
親子の再統合　75
親指の法則　130

か　行

改善指導　88
加害者介入プログラム　159
加害者更生プログラム　126，201
加害者プログラムの暴力抑制効果　162
加害者（への）対策　85，145，200
加害者の更生　125-126，199
家族の経済的・社会的依存関係　18
家庭内暴力解決チーム　182
家庭内暴力関連法　167
家庭内暴力処罰法　123，167，168
家庭内暴力専担警察　181
家庭内暴力と児童虐待の重複発生　134
家庭内暴力に関する韓国法律　167
家庭内暴力の処罰等に関する特例法
　　123
家庭内暴力の態様　9
家庭内暴力の重複発生　16，21，142
家庭内暴力の定義　5

家庭内暴力の特徴　15，123
家庭内暴力の閉鎖性　9
家庭内暴力の防止及び被害者保護等に関
　　する法律　123
家庭内暴力の類型　7，8
家庭暴力犯罪の処罰等に関する特例法
　　6
家庭内暴力被害者に対する支援・保護制
　　度　62
家庭内暴力への介入　145
家庭内暴力への法的対応　41
家庭内暴力防止　123
家庭内暴力防止法　167
家庭保護事件　187
関係機関の協力　143
関係機関の連携　118
関係機関の連携協力　76
関係の親密性　16
起訴強制制度　153
義務的逮捕制度　147，150
矯正施設における加害者対策　88
矯正指導　88
矯正処遇の種類　89
強制的介入　145
緊急措置　175
緊急臨時措置　178
グリーンブック　129
グリーンブック政策の効果　142
グリーンブック政策の成立過程　136
グリーンブックの構成及び内容　138

214

経済的暴力　6, 9

警察官職務執行法　109

警察官による早期対応　196

警察段階における加害者対策　86

警察による被害者指導　112

警察による被害の防止　108

警察法　109

言語暴力　5

更生保護機関　93

更生保護における加害者対策　93

更生保護法　93

さ　行

再犯危険性調査　180

サーマン事件
　　（Thurman v. City of Torrington）　151

殺人事件の被害者と加害者の関係　2

実態調査　99

児童虐待　5

児童虐待と家庭内暴力の重複　134

児童虐待の顕在　63

児童虐待の実態　36

児童虐待の早期発見　63

児童虐待の類型　39

児童虐待防止法　41, 53

児童相談所　72, 79

児童相談所での虐待相談件数　37

児童による暴力の目撃　32

社会内処遇　93

女性に対する暴力禁止法　132

自立支援　75

自律性　15

親族間の犯罪に関する特例　11

親族相盗例　11

身体的暴力　5, 9

性的暴力　6, 9

精神的暴力　9

性犯罪再犯防止指導　90

接近禁止　69

接近禁止命令　70

専門的処遇プログラム　97

早期発見　62

相談委託　189

相談しなかった理由　35

相談条件付起訴猶予　185

相談窓口の周知度　108

尊属殺　11

た　行

退去命令　69

立入調査　174

ダルースモデル　157, 158

短期自由刑　124

男女間における暴力に関する調査　26,
　　81, 99, 100

特別改善指導　89

な　行

殴られた女性の運動
　　（Battered women's movement）　131

二次被害　83, 114

二次被害の防止　82, 114

二次被害防止のための取り組み　116

は　行

配偶者からの暴力経験　31

配偶者暴力　5

索　引

配偶者暴力相談支援センター　66，68，
　　78
配偶者暴力被害者に対する支援の流れ
　　69
配偶者暴力被害者の支援制度　66
配偶者暴力防止法　41，44，106
配偶者暴力防止法（第 1 次改正）　48
配偶者暴力防止法（第 2 次改正）　51
配偶者暴力防止法（第 3 次改正）　52
配偶者暴力防止法の周知　28
被害者支援制度上の課題　99
被害者の意識改善　25
被害者の視点を取り入れた加害者教育
　　のカリキュラム　92
被害者の視点を取り入れた教育　90
被害者の相談先　34
被虐待児童に対する保護・支援制度　72
夫婦間での行為についての暴力として
　　の認識　27
ファミリーバイオレンス法　124，191
フェミニズム（Feminism）運動　131
ブッラドリー（Bradley）事件　130
フルガム（Fulgham）事件　131
プログラムの効果　162
閉鎖性　15
「法は家庭に入らず」の原則　10，43
暴力のサイクル　19
暴力の早期発見　64
暴力の認識　26
暴力の反復　19
暴力の予防　62
保護観察　93
保護処分　189
保護命令　69，71

ま　行

民間団体との連携　121
民間団体による支援　120
面前 DV　39，78

や　行

薬物依存離脱指導　89

ら　行

臨時措置　175
類型別処遇　96
令状なし逮捕　146

A－Z

NCCAN　133
NCJFCJ　136
VAWA　132

金 ジャンディ（キム ジャンディ）

韓国仁川生まれ。韓国建国大学法学部卒業。
同大学大学院修士課程修了、博士課程単位取得退学。
大阪大学大学院法学研究科博士課程修了、法学博士。
同大学大学院招聘研究員、助教を経て、現在、特任助教。

家庭内暴力―加害者も救う法とプログラム

2018 年 12 月 12 日　初版第 1 刷発行　　　　　　　　　　　［検印廃止］

著　者　　金ジャンディ

発行所　　大 阪 大 学 出 版 会
　　　　　代表者　三成 賢次

〒 565-0871　大阪府吹田市山田丘 2-7
　　　　　　　大阪大学ウエストフロント
TEL　06-6877-1614
FAX　06-6877-1617
URL：http://www.osaka-up.or.jp

印刷・製本　　尼崎印刷株式会社

Ⓒ JANDI KIM 2018

Printed in Japan

ISBN 978-4-87259-634-2 C3032

JCOPY 〈出版者著作権管理機構　委託出版物〉

本書の無断複製は著作権法上での例外を除き禁じられています。複製される場合は、
その都度事前に、出版者著作権管理機構（電話 03-3513-6969、FAX 03-3513-6979、
e-mail：info@jcopy.or.jp）の許諾を得てください。